La Sophrologie pratique

Le guide de la sophrologie pour débutants afin de mieux vivre au quotidien, s'épanouir, mieux dormir et réduire le stress.

Arthur Gavani

Selon le code de la propriété intellectuelle, copier ou reproduire cet ouvrage aux fins d'une utilisation collective est formellement interdit. Une représentation ou une reproduction partielle ou intégrale, quel que soit le procédé utilisé, sans que l'auteur ou ayant droit n'ait donné son accord, relève d'une contrefaçon intellectuelle aux termes des articles L.335 et expose les contrevenants à des poursuites.

ISBN : 979-8421808732
Les Editions Maison Pourpre
Dépôt légal : Mars 2022
Prix : 14€

Première édition, 2022

Avertissement

Ce livre a pour but de fournir des informations utiles sur le sujet de la sophrologie et ne doit pas être utilisé comme un diagnostic ou une recommandation de traitement. Veuillez consulter votre prestataire de soins de santé ou votre médecin avant de commencer un nouveau programme de santé ou un traitement. L'auteur n'est pas responsable de toute action entreprise par un lecteur sur la base de ces informations.

Sommaire

Introduction.. 1

Chapitre 1 : Prendre conscience de son corps, de ses émotions et de son esprit...................................... 7

   Notre corps recherche continuellement notre attention.. 7

   La relation esprit-corps-émotions............................ 11

   Le soulagement des tensions.................................. 18

   Le stress et la relaxation... 21

   La respiration 25

   L'intuition 29

Chapitre 2 : Les concepts et les théories de la sophrologie... 33

   Un petit cours d'Histoire 33

   La relaxation dynamique (RD) 40

   Les quatre principes de la sophrologie................... 44

   Les piliers de la sophrologie 45

   Les différents états et niveaux de conscience 46

   Les cinq systèmes et le mégasystème..................... 52

   La vivance 55

   Les structures de la conscience............................... 57

   L'intégration dynamique de l'être 60

   Les capacités et les contenus de la conscience......... 62

   Intention et intentionnalité..................................... 63

La région phronique 64
Terpnos Logos 67
L'alliance sophronique 68
Les applications de la sophrologie 69

Chapitre 3 : La pratique de la sophrologie et quelques exercices... 75

L'attitude en sophrologie 75
Que se passe-t-il pendant un exercice de sophrologie ? 79
La Sophro-Relaxation 80
L'activation intrasophronique 83
Exercice arc-en-ciel 88
Exercice de remontée d'humeur 92
Stimuler la créativité, interconnecter les hémisphères 97
Trois exercices de respiration..................................98
La journée parfaite sans stress 100

Épilogue 105

Introduction

Qu'est-ce que la sophrologie ? Eh bien, si on s'en tient au sens littéral du terme, la sophrologie désigne « un ensemble de pratique visant à dominer les sensations douloureuses et de malaise psychique ». De manière plus approfondie, la sophrologie, c'est « un entraînement du corps et de l'esprit pour développer sérénité et mieux-être basé sur des techniques de relaxation et d'activation du corps et de l'esprit utilisées par quiconque cherchant à améliorer son existence ».

Lorsque j'ai entendu parler de la sophrologie pour la première fois, j'étudiais la psychologie à l'université et je suis tombée sur un livre, celui de Catherine Aliotta : *Manuel de Sophorologie*, un ouvrage complet et fascinant qui traite de l'éventail multidimensionnel qu'est ce sujet. Dans ce livre, on trouve plusieurs approches visant à améliorer la créativité, différents types de psychothérapies, le *brainstorming* et différents types de relaxation. Toutes ces méthodes ont pour but de faciliter notre accès à notre monde intérieur. La relaxation, la symbiose entre le psychique et le somatique, la sophrologie, le calme, la visualisation, l'inconscience, la créativité et les ondes alpha sont autant d'idées qui m'ont fait réfléchir aux ressources dont nous disposons et à la manière dont nous pouvons les utiliser pour rendre notre vie plus belle.

Selon son étymologie, le terme « sophrologie » signifie « la science de l'harmonisation de la conscience ». Promouvant une vision holistique de l'être humain (qui prolonge une tradition chinoise ancienne bien établie), elle cherche à établir un nouvel équilibre entre nos trois éléments : le corps, l'âme et l'esprit. Cette nouvelle conception déclenche une autre façon de voir et de vivre sainement, provoquant des changements qui s'étendent au domaine médical. Désireux d'approfondir ma connaissance et ma compréhension de cette science de l'esprit en harmonie, tant par intérêt personnel que pour son éventuelle application thérapeutique dans mon travail de psychothérapeute, j'ai suivi une école de sophrologie à Genève, en Suisse, et je suis devenu sophrologue.

Grâce à la sophrologie, je suis entré dans un univers fascinant du corps, de l'âme et de l'esprit. La pratique des exercices m'a permis de prendre conscience de mes émotions, de mes pensées et de la façon dont elles se mêlent à mon corps. Je me suis senti positif « sans raison ». J'ai commencé à voir le monde plus objectivement et à prendre les gens comme ils sont, sans jugement. J'ai gagné en clarté mentale et en puissance interne. J'ai appris à écouter avec tout mon corps, et à apprécier les messages que je recevais de l'intérieur et de l'extérieur. Je n'ai pas projeté les choses, je n'ai pas imaginé qu'une situation se produise, mais au contraire, j'ai appris à être présent dans mon corps et à aller plus loin dans la profondeur de mon être. Je suis devenu un avec mon corps. Cette connexion intime avec le corps m'a rempli de calme et de paix. Chacun d'entre nous peut être transformé s'il commence à prendre la responsabilité de ses croyances, de ses émotions, de ses actions et de ses comportements.

Je vous invite à commencer ce voyage en vous-même.

Vous vous redécouvrirez, vous mettrez en mouvement votre force vitale, vos capacités, et vous atteindrez une conscience sereine, un corps détendu et un esprit clair et alerte. L'entraînement à la sophrologie consiste en des exercices simples et efficaces qui permettent d'avoir un regard plus positif, d'être plus concentré, d'avoir une approche plus détendue de la vie, d'être plus optimiste, et d'avoir une plus grande confiance en soi.

Vous serez en mesure de faire face aux défis de la vie plus facilement. Une pratique régulière vous met en contact avec votre corps et avec toutes les sensations et messages qu'il peut vous révéler. Une reconnexion consciente avec votre corps vous rapproche de l'instant présent, apaise votre esprit, vous rend plus calme, et tout cela a un effet favorable sur votre santé à tous les niveaux, transformant positivement votre vie entière.

P.S. : Je vous coupe dans votre lecture, mais saviez-vous que le sucre est encore plus addictif que la cocaïne et fait des ravages sur votre corps ? Alors j'avais une question à vous poser, voudriez-vous recevoir un livre totalement gratuit intitulé « Ma Détox Sucre à la Maison » ? C'est un guide pratique de 120 pages pour vous sevrer facilement du sucre depuis chez vous en toute tranquillité, être en meilleure forme et vivre de manière plus saine ! (d'une valeur de 16€). Vu que vous nous avez fait confiance en achetant ce livre, nous vous l'offrons gracieusement ! Il vous suffit de flasher le QR code sur la page suivante.

Je vous laisse maintenant reprendre votre lecture.

Ce livre se décompose en trois grands chapitres.

Le premier comprend des idées simples mais importantes concernant le lien entre le corps, l'esprit et les émotions, ainsi que de courts exercices que vous pouvez faire pendant votre lecture. Dans le deuxième chapitre, je décris les théories, les concepts et la terminologie de la sophrologie, tels qu'ils ont été élaborés par le fondateur de la sophrologie, le docteur Alfonso Caycedo. Dans le troisième chapitre, vous vous familiariserez avec le déroulement des exercices. Avant de commencer, veillez à vous munir d'un petit journal où vous pourrez écrire, après chaque exercice, ce que vous avez remarqué et observé pendant la pratique, pour décrire les sensations et les perceptions offertes par votre corps.

Chapitre 1 : Prendre conscience de son corps, de ses émotions et de son esprit

Notre corps recherche continuellement notre attention

Et si nous commencions à accorder plus d'attention au corps dans lequel nous vivons ? Pas seulement à un niveau superficiel, mais à un niveau profond. Comment cela se passerait-il ? J'espère que vous trouverez la réponse dans ce livre, à travers la pratique de la sophrologie.

La relation que nous entretenons avec notre corps en dit long sur nous, car il existe un lien fort entre le corps, les émotions et l'esprit ; ou, pour mieux dire, ils s'influencent mutuellement en permanence. Vos sentiments négatifs, vos frustrations, votre agitation et votre stress ont toujours un écho dans le corps, générant des tensions musculaires, dont la profondeur et l'intensité varient en fonction des déclencheurs. Dans le corps, on retrouve les effets de toutes nos pensées et émotions, qui se transforment parfois en symptômes, et parfois restent juste là, dormant, indiquant un malaise. Le corps est toujours le lieu où ils se manifestent, mais nous n'en avons pas conscience car nous ne connaissons pas notre corps qui est l'expression de notre monde intérieur. À travers lui, la joie, la tristesse, les passions, la gaieté, les pleurs et les tensions font surface. Le corps prend la forme des émotions qu'il éprouve. Pour connaître notre corps, nous devons l'écouter. Le corps transmet constamment des messages, certains plus subtils, d'autres plus puissants. Notre corps veut être entendu, recevoir de l'attention. Mais nous ne prêtons pas vraiment attention à notre corps, sauf s'il nous donne des sensations fortes comme la faim, le désir sexuel, la douleur : « J'ai mal à la tête », « Je suis malade »… Mais pourquoi n'utilisons-nous pas des expressions positives pour décrire les sensations agréables de notre corps ? Pourquoi n'apprenons-nous pas à les connaître, à les apprécier et à les savourer ? Au lieu d'avoir un corps, nous pouvons être notre corps, nous pouvons fusionner avec ses sentiments, et nous pouvons nous reconnecter avec nous-mêmes. Notre corps est un univers entier plein de vie. Lorsque nous dirigeons notre attention vers l'intérieur, nous nous connectons à notre propre sagesse. Nous nous sommes habitués à vivre avec une dissociation corps/esprit : l'esprit est dans un endroit, et le corps est ici, maintenant. Ce serait quelque chose de nouveau pour nous de les « réunifier » en nous connectant aux profondeurs de notre être. Le corps sait développer une vie, un autre univers humain, à partir de deux cellules distinctes qui s'unissent dans un acte de création. Les cellules sont les plus petites formes de vie, des unités minuscules qui construisent l'organisme entier et qui peuvent effectuer toutes les activités nécessaires à la survie en assurant les fonctions de base : nutrition, reproduction, mouvement, etc. De même, les cellules du corps sont « formées » de sorte que, lorsqu'elles deviennent matures, elles se spécialisent pour devenir des cellules sanguines, musculaires, nerveuses ou même un tout autre type de cellules. Les formes des cellules dépendent des rôles qu'elles remplissent dans l'organisme. Les cellules similaires s'assemblent en un groupe pour former les tissus, les organes et l'organisme tout entier. À l'intérieur de chaque cellule se déroulent de nombreux processus qui assurent sa survie, garantissant ainsi le bon fonctionnement de l'ensemble du corps, c'est-à-dire de la personne.

Il y a en nous des formes de vie « intelligentes » qui savent ce qu'il faut faire pour que nous fonctionnions normalement et soyons en bonne santé. Les cellules savent comment réparer et éliminer les toxines en assurant l'homéostasie, l'équilibre interne de l'organisme. D'une certaine manière, on peut dire que la cellule est un être complexe qui naît, se nourrit, se déplace, se spécialise dans un domaine, communique, se reproduit et meurt. Comme un être humain, si nous faisons une comparaison simple. Nous naissons, nous nous déplaçons, nous nous spécialisons dans un domaine, nous communiquons et nous mourons.

Il y a une similitude qui me fait penser à la question : « À qui appartiennent nos cellules ? » Peut-être sommes-nous les cellules d'un organisme supérieur pour lequel nous devons assurer l'homéostasie ? Peut-être que cet organisme est la planète Terre, ou peut-être que nous sommes les cellules d'un système plus vaste... connu ou inconnu de nous. Mais en attendant de trouver les réponses à cette question existentielle, le but de la sophrologie est de se reconnecter à son corps et à son intelligence infinie.

La fonction sensorielle est la première chose que la sophrologie tente de réactiver. Cette fonction n'est pas incompatible avec le raisonnement ; au contraire, il ne pourrait y avoir de raisonnement sans sensorialité. Le cerveau a besoin de stimulations sensorielles pour exister. Grâce aux exercices, nous pourrons comprendre le potentiel de notre corporalité, l'énergie que nous possédons et les aspects positifs qui sont déjà intégrés au niveau physique. Le corps est la source de notre vitalité, de notre motivation, de notre inspiration et, surtout, il est notre guide intérieur, il sait mieux que l'esprit ce qui est bon pour nous. Il sait ce qu'il aime et il se sent bien quand nous sommes heureux. L'énergie et la vitalité sont des manifestations internes générées par des stimuli physiques, mentaux et émotionnels. Les exercices sophrologiques ne nécessitent pas des postures et des mouvements compliqués, ni une tenue particulière. Ils nous aident à tourner notre attention vers l'intérieur, et la fusion entre notre corps et notre esprit mobilisera notre énergie physique et stimulera notre conscience.

Nous pouvons commencer à prendre conscience des équilibres et déséquilibres organiques, être plus doux avec notre corps, lui témoigner de l'amour, de l'acceptation et de l'attention. Tout ce que nous devons savoir est déjà en nous, alors pourquoi ne pas le prendre en considération, en ressentant et en faisant confiance au langage silencieux ou moins silencieux de notre corps ? Celui qui n'affirme pas son corps n'a pas de corps. La conscience de notre présence sous-tend un extraordinaire renforcement de la confiance. Vous pouvez vous en faire la démonstration par la pratique de la sophrologie. Je vous invite maintenant à faire un exercice, en remarquant comment l'esprit active les sensations lorsqu'il est dirigé vers une partie spécifique du corps.

- Prenez pleinement conscience de vos mains et remarquez les sensations physiques dans la peau, les doigts, les ongles, la paume, le dos de vos mains....
- Portez toute votre attention et restez concentré sur elles pendant une minute ou deux, en observant avec curiosité et émerveillement toutes les sensations physiques...
- Transférez votre attention uniquement sur la main droite, en observant les sensations qui apparaissent dans la peau, la paume, les doigts, les ongles, le dos de la main... Et restez concentré sur votre main droite pendant un moment...
- Maintenant, comparez-les. Comment se sent la main droite, comment se sent la main gauche ? Y a-t-il une différence ? Qu'est-ce que c'est ?

La relation esprit-corps-émotions

Lorsque nous utilisons consciemment tous nos sens en même temps, il apparaît un sentiment d'union et de fusion avec toutes les sensations internes que le corps révèle. C'est le sentiment de présence et d'immobilité. Nous entendons, voyons, sentons, touchons, goûtons, tout cela en même temps. Notre conscience est dans le corps, maintenant, dans le moment présent. Nous sommes calmes, alertes et lucides. Nous devenons de simples observateurs, et l'esprit n'a pas le temps de faire des commentaires inutiles, de ruminer des informations, ou de créer des « histoires ». Nous-mêmes, nous ne sommes pas identifiés à l'esprit. Le corps physique est solide et se trouve toujours dans le présent. Il a une forme, nous pouvons le sentir et le toucher. L'esprit, au contraire, peut être n'importe où, il est fluide et il « vole » dans le passé ou dans le futur, apportant dans le corps différentes émotions. Et chacun d'entre nous sait jusqu'où et dans quelle direction vont ses pensées. Les histoires créées par l'esprit sont souvent effroyables. Nous avons des pensées anxieuses sur l'avenir et des pensées de regret sur le passé. Si nous pensons au passé, nous interprétons et réinterprétons des événements qui, de toute façon, ne peuvent être changés. Si nous pensons à l'avenir, nous nous inquiétons de quelque chose qui pourrait arriver, ou nous attendons un certain moment qui nous donnera de la joie. Mais nous sommes rarement pleinement présents. Grâce au corps, nous pouvons être à nouveau présents, être ici et maintenant, avec le corps.

Par son activité incessante, le mental nous éloigne de ce que nous sommes, il nous déconnecte de notre être. Un esprit dispersé nous déséquilibre émotionnellement.

> « L'esprit, dans la manière dont j'utilise ce mot, n'est pas seulement la pensée. Il inclut vos émotions ainsi que tous les schémas réactifs mentaux-émotionnels inconscients. L'émotion naît à l'endroit où l'esprit et le corps se rencontrent. C'est la réaction du corps à votre esprit ou, pourrait-on dire, le reflet de votre esprit dans votre corps. Par exemple, une pensée d'attaque ou une pensée hostile va créer une accumulation d'énergie dans le corps que nous ne

pouvons pas éviter et que nous appelons la colère. Le corps se prépare à se battre. La pensée que vous êtes menacé, physiquement ou psychologiquement, fait se contracter le corps, et c'est le côté physique de ce que nous appelons la peur. Des recherches ont montré que les émotions fortes provoquent même des changements dans la biochimie du corps. Ces changements biochimiques représentent l'aspect physique ou matériel de l'émotion. Bien sûr, vous n'êtes généralement pas conscient de tous vos schémas de pensée, et ce n'est souvent qu'en observant vos émotions que vous pouvez les amener à la conscience. »

Eckhart Tolle, *Le pouvoir du moment présent*

La notion d'observation des pensées n'apparaît pas seulement dans les traditions orientales ou dans la littérature spirituelle, c'est l'une des principales méthodes de la recherche psychologique. La méthode d'observation est la plus fréquemment utilisée, et du point de vue technique, c'est la plus facile à appliquer car elle ne nécessite pas de matériel sophistiqué ; souvent, un crayon et un carnet suffisent. C'est aussi la première méthode, d'un point de vue historique, que les gens ont utilisée pour comprendre et décrire les humeurs et les comportements des autres. Puisque l'observation des phénomènes externes représente l'un des principaux instruments de la connaissance psychologique, nous pouvons nous observer nous-mêmes pour mieux nous connaître, et mettre en lumière le contenu de notre être. L'auto-observation entraîne de profonds changements dans l'activité neuronale. Lorsque nous ne sommes pas conscients de nous-mêmes, la plupart de nos pensées sont impulsives.

Les pensées sont comme des « enfants » de l'esprit et la plupart sont incontrôlées, inutiles, répétitives, négatives et ne se réalisent pas. Nous développons sans cesse ces fausses pensées. De plus, nous avons tendance à accentuer le côté négatif des choses, comme si les pensées négatives et hostiles étaient plus séduisantes que les pensées positives. Nous pouvons analyser ce que quelqu'un a fait ou n'a pas fait, a dit ou n'a pas dit, en revivant et en répétant mentalement les mêmes idées, et tous ces schémas de pensée absorbent toute notre attention.

Chaque pensée que nous avons crée une cascade de changements biochimiques dans notre corps, et chaque cellule communique instantanément avec les autres. Notre activité mentale influence l'équilibre interne de notre corps. Notre corps est connecté aux émotions et à notre vie mentale. Il pleure avec la douleur, vibre avec la joie et l'enthousiasme, et se tend avec la tension. Par exemple, si nous regardons un film passionnant ou dramatique, notre corps libère des hormones de stress, le cœur se met à battre plus vite, le corps réagit comme si l'action était réelle. Si le film est positif, si nous regardons une comédie ou une belle histoire, le corps réagit en libérant d'autres types de substances, qui nous donnent des sentiments positifs et créent une bonne humeur grâce à notre activité mentale et aux émotions associées. Les beaux rêves nous font nous sentir bien au niveau physique et émotionnel, mais nous connaissons tous très bien les effets psychosomatiques des cauchemars. Ainsi, comme nous pouvons le constater, nos pensées influencent notre corps, et leur effet varie en fonction de leur intensité.

Ce n'est pas parce que notre tête est remplie de pensées et de jugements que nous sommes conscients de ce que nous faisons. Les pensées s'écrasent et affluent dans l'esprit, s'emparant de notre attention. Elles sont « consommatrices ». Il est fatigant de ne vivre qu'à travers l'esprit, en oubliant le corps. À l'inverse, si nous remplissons notre corps d'attention, notre esprit se calme et devient clair.

Même lorsque nous sommes au milieu d'une activité intellectuelle intense, la pensée doit être concentrée, « unie » pour de meilleurs résultats. En gardant une partie de l'attention dans le corps, pendant n'importe quelle activité, nous améliorons à la fois la qualité du travail et la qualité de notre état physique et émotionnel grâce au sentiment de présence et de sérénité qui découle de l'union de l'esprit avec le corps.

En prenant conscience de nos pensées et de nos croyances, nous avons le pouvoir de changer les choses que nous n'aimons pas en nous-mêmes, et nous devenons plus équilibrés, permettant ainsi l'émergence d'une personnalité aux dimensions nouvelles. En devenant observateurs de nos pensées, nous créons un espace, la « Région Phronique » (la Région Phronique est expliquée au chapitre 2), où nous ne nous identifions pas à la pensée. Ce nouvel espace active la conscience, base de l'existence humaine.

L'exercice suivant permet de constater la différence entre être absorbé par la pensée et prendre conscience des sensations de son corps.

- Asseyez-vous confortablement, fermez les yeux et laissez-vous noyer dans le flot de vos pensées.
- Suivez-les.

Elles « courent » d'une notion à l'autre, multipliant les idées à l'infini. Remarquez ce que vous ressentez, et maintenant, portez votre attention vers l'intérieur, prenez conscience de votre corps, de votre respiration, de vos sensations physiques. Remplissez votre corps de toute votre attention. Soyez ici, maintenant, pendant quelques minutes, en laissant toutes les pensées de côté. Même si elles apparaissent, gardez votre attention sur le corps, du sommet de votre tête à la pointe de vos orteils...

- Observez ce que vous ressentez maintenant et restez un peu plus connecté à votre corps.

En effet, l'éducation occidentale privilégie la pensée, négligeant, voire niant, l'importance du corps. Mais la pensée ne peut pas contrôler les émotions, qui sont des compulsions profondes et puissantes qui ne peuvent être bloquées par aucun raisonnement. Une augmentation des émotions augmente les tensions musculaires qui, à leur tour, vont favoriser la croissance des émotions. C'est le jeu entre le corps, les émotions et les pensées. Parfois, il est agréable et exubérant, et parfois, il est déroutant et menaçant.

Certaines personnes ont beaucoup souffert et ont décidé d'inhiber toute forme d'émotion. Elles restent « froides » face aux événements, quels qu'ils soient. Elles ne s'autorisent pas à ressentir. Les émotions ne remontent pas à la surface, ce qui crée un effet de suppression et, à un moment donné, elles ressortent puissamment et pas de la bonne manière. D'autres gardent leurs émotions cachées derrière des masques sophistiqués, et lorsque nous pénétrons au-delà de ces masques, nous découvrons une véritable coloration émotionnelle à laquelle nous n'avions pas accès auparavant.

L'entraînement sophrologique nous aide à prendre conscience de nos émotions et à remarquer comment elles sont ressenties dans notre corps, afin que nous puissions plus facilement traiter, gérer et contrôler leurs manifestations. Les émotions jouent un rôle important dans l'équilibre. Nous devons être amis avec nos émotions, apprécier le positif et accepter et neutraliser le négatif. Si nous voulons nous sentir bien et influencer positivement la biochimie de notre corps, nous devons prendre conscience de notre atmosphère mentale et concentrer notre attention sur les choses, les événements et les pensées qui nous font nous sentir bien et qui nous procurent du plaisir, de la joie et de l'amour.

Les événements et les émotions sont stockés ensemble dans la mémoire. Lorsque nous sommes dans une disposition agréable, nous stockons des choses positives, lorsque nous sommes dans un état malheureux, nous stockons des choses négatives. Nous avons tendance à prêter attention aux informations correspondant à notre état d'esprit.

Un des principes de la sophrologie est celui de la mobilisation des ressources par des pensées et des actions positives. La vie et les gens, en général, nous donnent suffisamment de négativité. Celui qui veut voir des choses négatives ne verra que cela. Celui qui veut voir des choses positives se concentrera sur celles-ci. Nous pouvons encourager le positif en nous à s'épanouir et à cultiver la joie, moment après moment, car nous savons qu'il s'agit d'une manière de vivre beaucoup plus saine pour nous. Porter notre attention sur le corps, sur les sensations physiques qu'il offre, facilite ce processus, et par conséquent, nous créons cet espace intérieur qui a le don de nous conduire vers un état de calme intérieur.

Le soulagement des tensions

Comme nous venons de le voir, les émotions de notre corps se retranscrivent en quelque chose : la peur peut se manifester comme une tension dans le cou, le dos et la mâchoire ; la colère, en poings serrés, front et lèvres plissés ; la joie, dans le cœur et l'abdomen.

Vous savez, un visage humain peut « parler » sans même dire un mot, juste par un regard. La posture du corps est une indication de l'état de l'esprit, la personne peut être tendue, accroupie, rigide, ouverte et détendue, ou à l'aise. Les thérapeutes savent que les personnes sont courbées par le poids du bagage émotionnel qu'elles portent. Les tensions accumulées restent longtemps stockées dans les muscles et les tissus du corps, devenant « l'état naturel », et ce n'est qu'après avoir fait un exercice de relâchement des tensions que nous nous rendons compte de la tension que nous ressentions auparavant. Lorsque nous accordons à notre corps l'attention qu'il mérite, nous mettons en mouvement son énergie positive de guérison, mobilisant et activant ses ressources.

Grâce à des exercices simples de relâchement des tensions, nous provoquons des contractions afin de pouvoir percevoir les sensations générées par ces tensions. De cette manière, nous pouvons faire la distinction entre la tension et la détente, et nous pouvons mieux observer les contrastes des tensions physiques, en choisissant d'expérimenter les sensations agréables de notre corporalité.

La douleur psychologique non traitée (refoulée ou non vécue pleinement) reste dans le corps et nous l'exprimons, souvent sans en avoir conscience, par des maladies physiques. Tous les sentiments négatifs non exprimés peuvent prendre la forme de troubles somatiques et psychosomatiques. Les tensions psychologiques et émotionnelles enfouies sont souvent révélées par des tensions. Il est donc préférable d'exprimer notre colère, notre souffrance et notre tristesse de manière saine, et il existe de nombreux moyens efficaces pour cela : parler à un psychothérapeute, se libérer par l'écriture, faire de l'exercice, regarder une comédie, frapper un oreiller ou parler à un ami. Il est plus bénéfique de reconnaître et de travailler avec ces sentiments douloureux que d'attaquer les autres avec notre poison ou de nous empoisonner nous-mêmes en réprimant nos sentiments, en nous blâmant, en manquant d'estime de soi et de respect, ou en nous adonnant à différents types de dépendance, y compris l'addiction à la nourriture. Alors, manifestons plus d'amour de soi, de soins et d'attention, en commençant par le corps dans lequel nous vivons. Le corps ne ment pas, il est donc préférable de travailler en symbiose profonde et consciente avec lui, d'écouter ses messages et de le considérer comme un ami.

Remarquez comment votre corps se sent avant, pendant et après l'exercice suivant.

- Fermez les yeux et détendez-vous autant que possible.
- Serrez votre poing et votre bras, en contractant les muscles de votre bras, mais le reste du corps reste détendu.
- Ne serrez pas votre mâchoire en même temps...
- Observez comment la tension s'accumule, et remarquez les sensations lorsqu'elles se produisent...
- Maintenant, relâchez et détendez toutes les tensions de votre bras et de votre main, tout en relâchant un peu plus l'ensemble de votre corps...
- Les yeux fermés, recevez les sensations qui arrivent.
- Donnez un nom à ces perceptions (chaleur, picotements, sensation de lourdeur, de légèreté…).
- Comparez ce que vous ressentez dans le bras activé avec les sensations de l'autre bras. Avez-vous les mêmes sensations ?
- Répétez l'exercice deux fois de plus en faisant de courtes pauses entre chacune.

- Puis, répétez l'exercice en activant l'autre bras.

Cet exercice est très relaxant, surtout lorsque l'on tend et relâche tout le corps, une partie à la fois. Après quelques minutes de pratique, le corps devient plus léger et plus détendu. Le relâchement musculaire après une tension permet un approfondissement, une détente profonde de tout le corps, mais aussi une détente mentale qui améliore la concentration.

Acquérir une méthode de déstressage et de relaxation physique et mentale est un cadeau que nous nous faisons à nous-mêmes, car nous voulons être heureux et jouir d'un état psychologique de bien-être. Il est vrai que nous devons aussi faire face à des expériences désagréables diverses et variées qui font partie de la vie. Mais notre objectif est de ne pas nous laisser submerger par elles sur le long terme, et de faire ce que nous pouvons pour sortir du marasme de la négativité.

Le stress et la relaxation

Lorsque les gens décrivent le stress, ils disent : « Je suis confus, nerveux, et frustré ! » « Mon cœur bat vite et ma tension artérielle a augmenté. » En d'autres termes, ils mentionnent des changements liés à la façon dont ils se sentent et pensent. Les réactions physiques au stress sont généralement accompagnées de réactions émotionnelles. Si le stress est maintenu sur une longue période, il devient chronique et peut sérieusement affecter notre santé physique, psychologique et émotionnelle.

Face aux nombreuses formes de stress de la vie quotidienne, nous essayons de trouver différentes explications rationnelles à ce qui se passe. Mais lorsque nos raisons ne suffisent pas à expliquer nos états désagréables (angoisse, privation, misère, malheur), nous nous réfugions dans la maladie, une façon de nous mettre temporairement ou définitivement à l'abri de la responsabilité d'assumer notre vie. Il s'agit d'une réaction innée de survie, d'un mécanisme de défense. La fuite semble être la meilleure solution face à un danger que nous ne pouvons pas surmonter. Cependant, la fuite n'est pas la meilleure solution, surtout lorsque les « menaces » sont de plus en plus nombreuses et variées.

Le stress est un mécanisme d'adaptation que les gens ressentent à la suite de situations défavorables et difficiles. Les « stresseurs » sont des événements ou des conditions environnementales, suffisamment intenses ou fréquents, qui produisent des réactions physiologiques, psychologiques et sociales chez l'individu. De nombreuses recherches ont déjà été menées et de nombreux ouvrages ont été écrits sur le stress et son impact sur l'organisme. Sur le plan physique, le stress chronique peut se manifester en diminuant le système immunitaire, provoquant des tensions musculaires, des maladies cardiaques, une respiration superficielle, des problèmes de pression sanguine, des insomnies et des problèmes sexuels. Au niveau émotionnel, il peut prendre la forme de colère, d'irritabilité, de nervosité, d'anxiété, d'hostilité, de dépression ou d'agitation. Au niveau cognitif, il peut se manifester par la détérioration de la mémoire, par la multiplication des erreurs et des fautes, par l'indécision, par une concentration réduite et par la négativité. Tout cela conduit à des comportements problématiques tels que la dépendance, la consommation de drogues, les troubles alimentaires, les problèmes familiaux, etc. Les facteurs de stress proviennent à la fois de circonstances externes (l'atmosphère sur le lieu de travail, l'absence d'emploi, la profession, la famille, l'école, l'environnement, la société contemporaine) et internes (le tempérament, la critique, la maîtrise de soi, la façon de penser, l'approche de la résolution des problèmes).

Plus généralement, le monde dans lequel nous vivons est caractérisé par le stress et une surcharge d'informations qui détournent en permanence notre attention (sonneries, WhatsApp, Facebook, Instagram, Internet, des milliers d'articles le plus souvent négatifs, des personnes qui parlent sans arrêt…), donc nous devons utiliser toutes nos ressources, capacités et forces si nous voulons que notre vie soit marquée par un PLUS et non par un moins.

Dans nos moments les plus stressants, nous avons l'impression d'être tirés dans des millions de directions différentes, physiquement, émotionnellement, psychologiquement, mentalement et spirituellement. Une « désintégration » de notre être a lieu et nous ne parvenons pas toujours à nous en remettre complètement, car nous ne nous accordons pas le temps et l'attention nécessaires. Il y a toujours des choses « plus importantes » à faire. Et tout cela influence les autres aspects de notre vie : notre santé, nos réactions envers les autres et nos relations avec notre partenaire, notre famille, nos amis et nos collègues. Chacun devrait identifier ses facteurs de stress personnels et prendre conscience de ses réactions à celui-ci. La plupart du temps, ces comportements ne sont bons ni pour nous ni pour les autres. Et il arrive souvent, peut-être quotidiennement voire plusieurs fois par jour, que les choses ne soient pas comme nous le voulions ou l'attendions. Chaque jour, nous sommes confrontés à des déceptions plus ou moins grandes, mais nous ne pouvons pas laisser l'agitation, le mécontentement et la déception prendre le contrôle de notre vie. Le docteur Wayne Dyer décrit le stress comme quelque chose qui se trouve uniquement dans notre esprit. Il affirme que le stress n'existe pas ; il n'y a que des personnes dont émanent des pensées stressantes. Cela signifie que nous devons changer notre vision des choses, vivre dans la joie et non dans la peur, être heureux d'être en vie. Nous pouvons choisir délibérément d'inverser l'interrupteur de la pression que nous nous imposons afin de vivre plus paisiblement et d'être plus conscients de la nécessité de réaménager nos vies pour minimiser l'impact des facteurs de stress. Si le stress est un état d'esprit qui peut être changé, il suffit de décider d'aborder la vie de manière plus ludique, d'avoir une attitude positive à son égard, de cultiver un mode de vie sain et de faire quelque chose de différent chaque jour. Certes, tout le monde sait cela, mais combien d'entre nous mettent réellement ces idées en pratique ? Nous oublions de respirer consciemment, de manger sainement, de bouger notre corps, de nous amuser et de pratiquer des techniques de relaxation. Certains se cachent derrière l'excuse du « je n'ai pas le temps ». Mais il semble que nous ayons toujours le temps de nous inquiéter, de stresser, de nous asseoir sur un canapé et de regarder la télévision au lieu profiter de la vie et de faire des choses bonnes, agréables et constructives qui pourraient donner de la qualité à notre existence.

Voyons comment les exercices de ce livre peuvent vous permettre de vous reconnecter à votre âme intérieure, qui ne connaît rien au stress. Et si vous essayez de ne pas croire tout ce que votre esprit vous dit, vous découvrirez que la vie peut être plus agréable et votre stress sera atténué.

Voici un exercice simple que je vous recommande.

- Observez attentivement ce qui se passe avec votre respiration lorsque vous êtes nerveux ; prenez conscience de votre respiration dans les moments de stress ; remarquez comment une personne respire lorsqu'elle est tendue ou agitée.

La respiration

L'exercice suivant est un exemple de respiration consciente. Veuillez l'essayer avant de poursuivre votre lecture.

- Prenez conscience de votre respiration.
- Concentrez votre attention sur votre respiration et écoutez votre corps... Est-ce que vous respirez ? Oui, mais comment respirez-vous ?
- Votre respiration est-elle lente, apaisante, profonde et abdominale ? Ou bien est-elle plutôt

superficielle, irrégulière et incomplète ?
- Comment vous sentez-vous ?
- Maintenant, fermez les yeux et, pendant quelques minutes, inspirez et expirez calmement, lentement, en remarquant comment votre ventre entre et sort pendant que vous inspirez et expirez...
- Remarquez les sensations physiques associées à la respiration et gardez votre attention sur le corps...
- Respirez... Contemplez-vous... Cherchez la présence... Remplissez tout votre corps de votre attention...

Il semble que quelque chose ait changé. L'esprit est plus calme, et un sentiment subtil de bien-être se révèle, non ? Et si seulement quelques minutes de relaxation, en prenant conscience de notre corps et de notre respiration, nous aident à nous calmer et à rafraîchir notre conscience, pourquoi ne pas le faire tous les jours ? Une bonne respiration ajoute de la qualité à notre vie, nous fait nous sentir bien et énergiques, et peut guérir certaines maladies.

La première chose que nous faisons en arrivant dans ce monde est inspirer, et la dernière chose que nous faisons en quittant ce monde est expirer. La respiration représente une connexion spéciale entre l'esprit et le corps, entre l'immatériel et le matériel. La respiration unit ces deux moments et le fait de garder notre attention sur eux nous rappelle que nous ne faisons qu'un avec cette même respiration.

Voici quelques idées sur la respiration et ses bienfaits. La respiration diaphragmatique (abdominale) est la manière correcte de respirer : le ventre entre et sort lorsque nous inspirons et expirons. Les gens pensent qu'ils respirent correctement, mais en réalité, ils absorbent juste une quantité suffisante d'oxygène pour vivre. Et ce n'est ni la meilleure ni la plus saine façon de respirer. La respiration diaphragmatique a un effet calmant sur le corps et l'esprit, diminue l'anxiété et oxygène le corps. Lorsque nous respirons correctement, nous ne pouvons pas être stressés ou, si nous le sommes, le stress diminue de manière significative, car l'air pénètre profondément dans le corps, calme le système nerveux et donne un « massage » aux organes internes. La respiration abdominale stimule le nerf vague, et ce nerf libère une substance qui contrecarre les effets des hormones du stress. C'est pourquoi nous utilisons la respiration comme technique thérapeutique dans divers troubles anxieux. Et nous pouvons dire qu'elle a le même résultat qu'un tranquillisant, mais un tranquillisant naturel, produit par notre propre corps.

La respiration abdominale est naturelle, et elle se produit d'elle-même si nous nous détendons. Pendant le sommeil, lorsque le corps se relâche, notre respiration n'est plus superficielle. Nous ne respirons pas dans la poitrine, mais à partir du ventre, car la respiration suit son cours naturel. Les enfants respirent toujours correctement, et nous pouvons voir comment leur ventre se gonfle et se dégonfle pendant la respiration. La respiration abdominale consciente libère les tensions accumulées par le corps. Lorsque nous sommes stressés, contrariés ou en colère, tout notre corps est courbé, la respiration devient superficielle et le corps ne reçoit pas l'oxygène dont il a besoin.

La respiration est l'un des moyens les plus importants du corps de se désintoxiquer, nous devons donc l'aider et travailler avec elle afin d'atteindre et de maintenir l'équilibre. Ce n'est peut-être pas un hasard si les poumons sont les seuls organes internes que nous pouvons contrôler consciemment. Même avec quelques respirations profondes que nous faisons chaque matin, nous aidons le corps entier à être oxygéné et prêt pour la journée. De cette façon, nos cellules reçoivent des informations vitales, comprennent que nous avons choisi la vie et que nous voulons vivre.

Par exemple, vous pouvez expirer jusqu'à ce que l'air sorte totalement de vos poumons, puis inspirer profondément jusqu'au bout des orteils... et observer ce qui se passe dans votre corps... puis expirer lentement... inspirer à nouveau jusqu'au bout des orteils et expirer, sans rien forcer, pendant quelques minutes. Remarquez ce que vous ressentez. La respiration libère les tensions émotionnelles, en « lavant » les courants émotionnels qui semblent parfois venir de tous les côtés. Le corps le montre inconsciemment par des soupirs ou de longues respirations profondes. Les exercices de respiration libèrent également les émotions négatives emprisonnées dans la poitrine et l'abdomen.

La respiration améliore la posture du corps. Si nous sommes conscients et que nous respirons correctement, notre posture corporelle change automatiquement. La respiration favorise les processus internes, notamment la régénération cellulaire, grâce à une oxygénation efficace.

La respiration consciente nous détend et rafraîchit notre corps et notre esprit. Beaucoup d'entre nous ne savent tout simplement pas qu'ils ne respirent pas correctement. Mais nous pouvons commencer à expérimenter et voir comment nous nous sentons et comment notre corps réagit si nous nous accordons quelques minutes de respiration profonde chaque jour. Le matin, à jeun, est un bon moment de la journée pour pratiquer des exercices de respiration, car nous avons besoin que notre corps soit oxygéné et énergisé tout au long de la journée. C'est comme faire un pacte avec notre corps, en disant : « Je t'aime, je prends soin de toi, alors chaque jour, je te donne quelques minutes pour te remplir de l'oxygène dont tu as tant besoin. » Honorer ce programme quotidien, où vous ne restez qu'avec vous-même, est une étape importante pour écarter le stress de votre vie.

L'intuition

La sophrologie utilise trois types d'énergie :

- l'énergie physique, le corps, ce que nous voyons, ressentons, touchons, entendons et sentons ;
- l'énergie vitale, notre force de vie, l'énergie qui nous maintient en vie et qui est animée par la respiration, alimentée par la nourriture et contrôlée par la pensée ;
- et enfin, les choses que nous connaissons sans connaître comment nous les connaissons, les coïncidences dans la vie, les idées brillantes que nous avons, les solutions qui viennent de « nulle

part ». Tout le monde peut dire qu'il a vécu des moments qui ne peuvent être expliqués logiquement. Cela signifie que tout le monde a de l'intuition, surtout les femmes, mais qu'elle est étouffée par la rationalité, qui fait toujours passer le doute avant l'intuition, en cherchant toujours des preuves.

L'intuition se manifeste, comme les émotions, au niveau du corps, parfois sous la forme d'images ou d'une impulsion, ou d'une sorte de « savoir », et parfois sous la forme d'un monologue intérieur que nous pouvons écouter ou non. Son langage semble difficile à comprendre, car il est symbolique et notre raison doute de ses messages. C'est quelque chose qui se produit au-delà de la raison, c'est le sentiment que nous savons quelque chose sans pouvoir expliquer comment et pourquoi, une pénétration directe dans l'essence d'un problème, une révélation. L'intuition se développe et se manifeste lorsque la raison est moins active, lorsque nous sommes détachés et détendus. Lorsque nous sommes plus avancés sur le chemin de l'entraînement sophrologique, nous avons des moments où nous nous connectons profondément avec ce centre profond de notre être qui parfois nous « suggère » des choses, nous donne des idées belles et étonnantes auxquelles nous n'avions pas pensé, et nous fait agir d'une manière nouvelle et différente, avec la certitude qu'elle est bonne pour nous.

Chapitre 2 : Les concepts et les théories de la sophrologie

Un petit cours d'Histoire

La sophrologie a été créée en 1960 par le docteur Alfonso Caycedo, neuropsychiatre, à Madrid. Même si à cette époque, il existait déjà diverses techniques de relaxation et des concepts thérapeutiques associés, la pratique médicale du docteur Caycedo, ses recherches et ses études l'ont amené à s'intéresser de plus en plus à la conscience humaine et à la médecine psychosomatique. À cette époque, il existait le mot « schizophrénie », qui signifiait une scission de la conscience, mais il n'y avait pas de mot ou de manière de décrire la conscience lorsqu'elle était en harmonie. C'est ainsi qu'est née la sophrologie. L'objectif de Caycedo était de créer une forme de thérapie qui tienne compte de l'idée que la maladie déséquilibre le corps, à la fois l'esprit et l'âme, et que ces deux éléments doivent être traités simultanément. Avec sa méthode de thérapie, il ne voulait pas seulement guérir les maladies, mais aussi aider les gens à mieux se connaître et à vivre en harmonie avec eux-mêmes. La sophrologie nous aide à prendre conscience de notre corps et de notre esprit. Il s'agit de se rééquilibrer sur un plan holistique, en harmonisant le corps, l'esprit et l'âme. L'étymologie du mot vient de la langue grecque : "*sos*" (harmonie, équilibre), "*phren*" (conscience, esprit) et "*logos*" (étude, science).

La sophrologie est l'étude de la conscience humaine en harmonie, et elle est basée sur une série d'exercices de relaxation dynamique axés sur la perception corporelle et la relation entre le corps, le mental et l'esprit. Ces exercices physiques et mentaux sont faciles à réaliser, peuvent être faits n'importe quand et n'importe où, et, s'ils sont pratiqués régulièrement, peuvent nous aider à atteindre un corps détendu et un esprit calme et agile.

Les premières choses que les gens commencent à remarquer lorsqu'ils pratiquent la sophrologie sont un sommeil plus réparateur, une meilleure concentration, moins de soucis, une plus grande confiance en soi et un sentiment de bonheur intérieur. Ainsi, en pratiquant la sophrologie, nous pouvons développer un état d'harmonie intérieure et de bien-être. L'objectif de ces exercices statiques et dynamiques est de conquérir et de consolider l'équilibre entre l'esprit, les émotions et le corps, en stimulant les qualités positives et les ressources dont nous disposons pour améliorer la santé, la qualité de vie et l'épanouissement personnel.

Les exercices comprennent des techniques de respiration, des mouvements corporels simples et des stratégies d'activation mentale pour la connaissance de soi et l'expansion de la conscience, ainsi que des approches de relaxation et d'utilisation de l'imagination comme moyens de développer l'harmonie psychophysique. Une pratique régulière conduit à une transformation positive de notre attitude envers nous-mêmes et le monde qui nous entoure.

Alfonso Caycedo est né le 19 novembre 1932 à Bogota, en Colombie, où il a vécu la première partie de sa vie. Après avoir terminé ses études générales, il s'est installé à Madrid pour étudier la médecine dans une université espagnole. Il s'est spécialisé en psychiatrie et en neurologie. Pendant sa pratique médicale à l'hôpital de Madrid, Caycedo s'est intéressé aux méthodes anciennes et modernes de modification des états de conscience. Il estime que la médecine étudie tout sauf la conscience. Alfonso Caycedo a créé la sophrologie afin de fournir une méthode d'investigation de la conscience humaine et a mis en place un département de médecine psychosomatique et de sophrologie clinique à l'université de Madrid. La méthode est conçue pour aider les patients à se rétablir rapidement, en utilisant le moins possible de médicaments et de traitements psychiatriques.

En 1961, lors du cinquième congrès international de psychothérapie, Caycedo a présenté le terme « sophrologie » au monde académique. Ibor Lopez a suggéré à Caycedo de se rendre en Suisse pour travailler avec le célèbre psychiatre suisse Ludwig Binswanger, un de ses amis, connu pour son influence sur le développement de la psychologie phénoménologique et existentielle. À la clinique Bellevue en Suisse (Kreutzlingen), l'approche était très différente, ils avaient une autre façon de voir leurs patients par rapport au reste de l'Europe, où certains traitements de psychiatrie classique physiquement dommageables (comme les électrochocs) prévalaient. À Kreutzlingen, l'accent était mis sur le contact humain entre le médecin et le patient, sur la présence du médecin et l'attention portée au patient. Sous la direction de « Maître Binswanger », comme l'appelait le docteur Caycedo, ce dernier s'est intéressé à la phénoménologie. « Phénoménologie » vient du grec "*phainomenon*" et "*logos*", ce terme désigne l'étude des phénomènes. Il s'agit d'un mouvement idéaliste fondé par Husserl, qui propose d'interpréter les phénomènes de la conscience à travers « l'intentionnalité » (orientation vers quelque chose) et le sens (contenu), en mettant entre parenthèses la réalité extérieure. Selon Hegel, la phénoménologie de l'esprit décrit les phases successives de l'esprit dans son évolution de la certitude sensorielle « à la connaissance absolue ».

La phénoménologie est devenue la base de la sophrologie, en tant que méthode d'investigation de la conscience. Caycedo n'a pas approfondi son étude de la conscience uniquement en travaillant avec les patients de l'hôpital, où il avait accès à des patients ayant une conscience pathologique. À Madrid, Caycedo avait déjà utilisé l'hypnose clinique, car, disait-il, lorsque nous parlons de la conscience, nous devons étudier toutes les procédures qui, d'une manière ou d'une autre, peuvent l'influencer, et l'hypnose était une technique qu'il avait à sa disposition. À cette époque, on prétendait que la sophrologie n'était que de l'hypnose sous un autre nom. L'hypnose était déjà étudiée dans le monde médical, et les électroencéphalogrammes ont démontré les changements qui se produisent dans la conscience lors de la pratique de l'hypnothérapie. Mais en même temps, Caycedo a aussi remarqué que de nombreux patients étaient prudents face à l'hypnose ; le terme était devenu associé à quelque chose de mystérieux ou de magique. Outre l'hypnose, il existait d'autres méthodes de relaxation et d'autres moyens de modifier la conscience, comme la méthode d'entraînement autogène de Schultz, la technique de relaxation de Jacobson, etc.

En Suisse, Caycedo a rencontré le docteur Abrezol, un dentiste qui est devenu l'ambassadeur de la sophrologie. Ce dernier a commencé à utiliser cette technique sur lui-même et dans son travail avec ses patients. À la suite de sa pratique de la sophrologie, il a constaté des résultats exceptionnels lorsqu'il jouait au tennis, il a donc commencé à utiliser la méthode pour améliorer les performances des athlètes. Il a commencé par aider un ami avec qui il jouait régulièrement au tennis, et ses performances et sa concentration ont augmenté de façon spectaculaire. Il a ensuite aidé un autre ami à améliorer ses performances au ski. En raison de ces excellents résultats, il s'est aventuré dans le monde du sport. Grâce à cette forme d'entraînement mental, il a donné aux skieurs suisses une vitalité et un élan qui leur ont permis de récolter un nombre incroyable de médailles dans les années 60 et 70. Abrezol n'a cessé de développer, d'apprendre et d'enseigner la sophrologie. « La pratique régulière de la sophrologie m'a permis de découvrir, de conquérir et de transformer ma propre conscience », a-t-il déclaré. Afin d'approfondir son étude de la conscience humaine, entre 1964 et 1966, Caycedo a voyagé en Inde, au Tibet et au Japon, car « les Orientaux comprennent mieux la conscience que nous, psychiatres occidentaux ». Les Orientaux ont étudié la conscience pure pendant des milliers d'années.

Bien qu'il fût jeune marié et qu'il eût devant lui une carrière de médecin, Caycedo a décidé de partir en Inde.

Les six mois qu'il avait prévu pour ce voyage se sont transformés en deux ans. Là-bas, il a découvert un nouveau monde. « De la même manière que certaines personnes collectionnent des pièces de monnaie, je collectionnais des idées sur la conscience », a-t-il dit. Et l'Inde était remplie de telles idées. Pendant son séjour en Orient, il a publié un livre, *Lettres de silence*, un dialogue avec toutes sortes de maîtres de yoga. Il est entré en contact et a discuté avec des médecins indiens, aussi bien des psychiatres que des personnes qui utilisaient le yoga comme thérapie.

Il existe de nombreux types de yoga. Ces différentes méthodes visent à « conquérir » le corps et, en cela, elles englobent toutes les fonctions corporelles, physiologiques et psychologiques. Grâce au corps, nous pouvons passer d'une conscience quotidienne à une conscience supérieure, également appelée « hyperconscience ». Les Indiens pensent que l'accès à ce type de conscience est un chemin qui nous met en contact avec le divin, et la clé de ce processus est la contemplation. Il ne s'agit pas d'une contemplation passive, d'une rêverie, mais d'une contemplation par celui qui recherche la présence. Les théories occidentales étaient plutôt spéculatives ; il existait des livres contenant des textes philosophiques tentant d'expliquer la conscience, mais aucune technique n'était décrite. Le corps n'existait pas. Le corps n'était pas non plus mentionné dans la psychanalyse.

En termes « grossiers », nous pouvons décrire la sophrologie comme une synthèse des techniques de guérison et des thérapies traditionnelles orientales (taoïsme, yoga, médecine tibétaine et zen) et des influences occidentales (phénoménologie). À la suite de ses études sur la conscience humaine et inspiré par les techniques et disciplines orientales, en 1967, à l'Hôpital Clinique de Barcelone, Caycedo a commencé à pratiquer la sophrologie et a mis au point la relaxation sophrodynamique, une méthode cohérente et structurée qui comprend des exercices spécifiques adaptés à un style de vie occidental. La sophrologie ne cherche pas à transposer les méthodes orientales, mais à adapter le contenu de ces procédés dans le plus grand respect des disciplines.

Caycedo a proposé l'expression « relaxation dynamique » (RD) pour décrire la méthode utilisée en sophrologie. L'objectif était de la pratiquer à des fins thérapeutiques et préventives. Au fil des années, la sophrologie a été présentée dans de nombreux congrès médicaux internationaux. La sophrologie s'est développée et étendue dans plusieurs pays d'Europe, étant très populaire en Belgique, en Italie et en Suisse. En France, elle est extrêmement prisée, il existe de nombreuses écoles, pratiques et livres sur la sophrologie. Bien que la sophrologie trouve son origine dans le domaine médical, elle est aujourd'hui particulièrement répandue dans les pays francophones et hispanophones comme moyen de relaxation et de connaissance de soi, avec des applications dans différents domaines.

Caycedo est décédé en septembre 2017. Il a consacré toute sa vie à l'investigation incessante de la conscience, à la promotion des valeurs de l'être humain et, dans de nombreuses régions du monde, à la formation de milliers de personnes dans son magnifique travail de sophrologie. On se souviendra toujours du professeur Caycedo pour sa force, son enthousiasme, sa grande intuition, son intelligence et surtout, son amour pour sa famille et sa profession.

La relaxation dynamique (RD)

La relaxation sophrodynamique comprend trois cycles. Le premier comporte quatre niveaux et est appelé « Fondamental », le deuxième est nommé « Radical » et le troisième, « Existentiel ».

Le premier cycle : Fondamental

Le premier niveau du cycle Fondamental est inspiré du yoga. En pratiquant les exercices de ce niveau, nous devenons plus conscients du corps dans lequel nous vivons, de notre forme, de notre silhouette et de nos sensations physiques. Nous apprenons à respirer profondément et à éliminer progressivement les tensions physiques que nous avons accumulées. À ce niveau, nous sommes encouragés à remarquer dans notre corps les effets des expériences agréables, les sensations somatiques positives, surtout au niveau de la peau, et le sentiment d'être heureux d'être en vie. Ces effets sont générés par des moments où nous nous sentons bien, par de petites choses agréables comme un beau sourire, une émotion agréable, une mélodie préférée, un geste gentil, un événement spécial ou des moments de joie quotidiens ; l'accent est mis sur l'expérience de ces événements dans notre corps et sur les sensations physiques qui apparaissent.

Nous apprenons à vivre dans le présent, sans jugement, à voir le monde « comme si c'était la première fois » et à devenir intimement conscients des structures et des fonctions physiques de notre corps. Le schéma corporel et la représentation que nous avons de notre corps sont fondamentaux dans les exercices de sophrologie. À ce niveau, l'accent est mis sur le corps, le temps présent, la concentration et l'activation de la structure cellulaire de la peau.

Le deuxième niveau est inspiré du bouddhisme. En pratiquant les exercices contemplatifs de ce niveau, nous prenons conscience de notre esprit et de nos cinq sens. Là, nous continuons à être conscients de notre corps et de l'interaction entre celui-ci et nos pensées, et nous développons une contemplation sensorielle perceptive intérieure et extérieure. Nous prenons conscience du mouvement, de la gravité et de l'espace qui nous entourent. Après le premier niveau, où nous avons observé les sensations et les émotions positives ressenties dans notre corps au moment présent, nous pouvons maintenant, à ce niveau, imaginer un futur contenant davantage de ces expériences. Nous évoluons vers une vision positive, en nous concentrant sur les objectifs, les projets et les événements futurs, et nous prenons profondément conscience des structures et des fonctions de notre esprit, de nos sens et de nos muscles. À ce niveau, l'accent est mis sur l'esprit, le temps futur, la contemplation, les cinq sens et l'activation des structures cellulaires des muscles.

Le troisième niveau est inspiré du « Zen ». Les exercices de méditation sont construits sur les concepts des niveaux un et deux et, maintenant, avec les yeux partiellement ouverts, nous prenons conscience de l'interaction entre notre esprit et notre corps, et aussi du monde qui nous entoure. Une fois que nous avons renforcé nos structures mentales et physiques en remarquant la joie et le bonheur dans le présent et l'avenir, nous sommes prêts à examiner les beaux moments du passé. À ce niveau, notre conscience est davantage orientée vers ce qui est extérieur à nous, mais nous nous déplaçons entre le monde intérieur et extérieur en percevant les deux comme si c'était la première fois. À ce niveau, nous méditons à la fois assis et en marchant. Nous allons également plus profondément dans notre corps en prenant conscience de nos os. L'accent est alors mis sur la relation corps-esprit-émotions, le temps passé, la méditation, et l'activation des structures cellulaires des os.

Le quatrième niveau est la base de l'expérience et des connaissances acquises dans les trois premiers. Le docteur Caycedo insiste sur l'importance d'être conscient de nos besoins et de nos valeurs, et de les connaître. Ce niveau comprend également tous les concepts déjà appris. Nous avons commencé par concentrer notre attention sur le monde intérieur, puis nous avons exploré et contemplé le monde extérieur pour arriver à ce niveau où « tout est un ». Le passé, le présent et le futur, tous capturés dans le moment présent. La conscience est interne et externe alors que nous faisons l'expérience d'un mouvement contemplatif à travers le temps et l'espace. Notre attention se porte également sur les sensations kinesthésiques (capacité à percevoir le mouvement des différentes parties du corps) et cénesthésiques (conscience interne de l'existence corporelle provoquée par les sensations internes). À ce niveau, nous prenons conscience de nos organes internes, de nos besoins et de nos valeurs, découvrant en même temps les trois dimensions du temps (passé, présent et futur) et de l'espace. À ce niveau, l'accent est mis sur les valeurs personnelles, la dimension de l'espace et du temps — en activant la structure cellulaire des organes vitaux —, et sur les valeurs existentielles, la liberté, la responsabilité et la dignité.

Le deuxième cycle : Radical

Après avoir découvert et renforcé nos structures mentales et physiques au cours du premier cycle, nous commençons maintenant à découvrir notre place dans l'univers. À ce stade, nous prenons conscience de l'énergie et de la vibration de notre corps, de la phylogenèse (l'histoire de l'espèce) et de l'ontogenèse (le développement et la transformation du corps en forme adulte). Ici, nous posons des « questions radicales » telles que « Qui suis-je ? » « Pourquoi suis-je ici ? » « Qu'est-ce que la vie ? » et développons notre intuition. L'accent est mis sur la prise de conscience des différentes vibrations du corps et de la voix.

Le troisième cycle : Existentiel

Au cours de ce cycle, nos connaissances et notre conscience s'élargissent, et nous commençons à pratiquer une nouvelle forme d'existence. Nous vivons en pleine conscience, en comprenant la conscience sophronique, et nous prenons pleinement conscience de l'interconnexion de l'univers. Tout est vu sous un angle nouveau. Dans ce cycle, nous renforçons les valeurs humaines existentielles : liberté, responsabilité et dignité.

Les quatre principes de la sophrologie

L'action positive

Elle signifie revigorer et activer ce qui est positif en nous. C'est un processus par lequel chaque action consciente positive a des répercussions positives sur l'ensemble de l'être, à tous les niveaux : cognitif, émotionnel, comportemental et spirituel.

En sophrologie, « positif » signifie toute force bénéfique intrinsèque qui soutient et encourage l'atteinte d'une conscience sophronique douce et lucide par une personne. Nous pouvons atteindre ce type de conscience en dynamisant et en consolidant les structures positives et les pouvoirs en nous, qui sont les sentiments, les sensations, les pensées, les souvenirs et les attitudes positives envers nous-mêmes et notre existence.

Nous concentrer sur les aspects négatifs de la vie, la maladie, la douleur ou les symptômes nous fait oublier le positif et notre santé, et nous enferme dans une conscience pathologique.

La corporalité (le corps) en tant que réalité vivante

Ceci représente le fondement des exercices de sophrologie. Il s'agit de la façon dont nous percevons notre corps, la réalité de notre corps. Au cours des exercices, nous devenons de plus en plus familiers avec notre corps, atteignant progressivement des niveaux plus profonds. Si, dans un premier temps, nous apprenons à percevoir sa forme, sa température et sa taille, plus tard, nous développons une conscience de ses cellules, de ses muscles et de ses organes. De cette façon, nous ramenons l'esprit « à la maison », au moment présent.

Le principe de la réalité objective

Ce concept signifie qu'il faut garder une attitude objective, c'est-à-dire une perception de ce qui est là, sans porter de jugement, et non de ce qui n'est pas là, avec un esprit ouvert et curieux, en acceptant les choses telles qu'elles sont à ce moment précis.

On parle de subjectivité lorsque l'on déforme notre perception des choses. La conscience peut être plus ou moins subjective, selon le degré de stabilité d'une personne. La sophrologie nous propose d'équilibrer notre conscience et de percevoir la réalité et les choses telles qu'elles sont.

L'adaptabilité

Ce concept signifie que toutes les techniques et théories de la sophrologie sont adaptées à la réalité du client. Ces principes fondamentaux représentent les éléments de base de la conscience sophronique.

Les piliers de la sophrologie

La reconnaissance officielle de la sophrologie comme discipline scientifique est basée sur les trois concepts suivants :

1. Une épistémologie claire et cohérente. L'épistémologie étudie le processus de la connaissance tel qu'il se déploie dans la science ; la théorie qui sous-tend la connaissance scientifique, ses présupposés et ses fondements. Les théories expliquant la discipline sophrologique ont été développées par le docteur Caycedo et sont basées sur une investigation phénoménologique ;

2. Une méthodologie à part entière, c'est-à-dire l'ensemble des méthodes que nous utilisons. La structure, l'ensemble des pratiques, exercices et règles utilisés en sophrologie, en relaxation dynamique et les techniques associées ;

3. Une sémantique spécifique qui est le sens des mots du point de vue descriptif, comparatif et surtout historique, les mots que nous utilisons en sophrologie et leur sens, les descriptions des termes utilisés (corporalité, vivance, *terpnos logos*, phénodescription, niveau sophroliminal), etc.

Les différents états et niveaux de conscience

Le docteur Caycedo parle de la conscience comme d'un ensemble de réalités intrapersonnelles et interpersonnelles et dit que les états de conscience représentent des changements qualitatifs entre la maladie et la santé totale.

L'état de conscience pathologique

Ici, la conscience est voilée et désintégrée. Cet état psychologique est prédominant chez les personnes touchées par la maladie ou par diverses affections quotidiennes (physiques ou mentales, telles qu'un mal de dos, un mal de tête, un malaise, une légère dépression ou d'autres maladies courantes de la vie quotidienne) et s'étend à celles qui souffrent de dépression grave, d'hystérie, de schizophrénie ou de détérioration mentale irréversible. La conscience pathologique est étudiée par la médecine, la psychiatrie et la psychopathologie.

L'état de conscience ordinaire

Elle est également voilée et désintégrée, mais dans une moindre mesure, et est présente chez ceux qui vivent entièrement selon des schémas préétablis et utilisent des représentations mentales acceptées par la société, sans se poser de questions et sans regarder les choses de façon nouvelle. La caractéristique de cet état de conscience est que les personnes pensent que leurs sentiments ou émotions négatives sont la faute des autres et vivent dans « l'inconscient » sans se rendre compte qu'elles peuvent choisir leurs pensées et leurs émotions et qu'elles sont responsables de leur vie. La conscience ordinaire est étudiée par la psychologie générale.

L'état de conscience sophronique

Cet état est étudié par la sophrologie. Dans cet état, la conscience est éclairée de l'intérieur vers l'extérieur et entraîne une intégration existentielle positive. Il s'agit d'accéder à une harmonie corps-esprit-émotions. Les personnes vivant de cette manière réalisent qu'elles sont responsables de leurs émotions, de leurs actions et de leur façon d'être, et deviennent cocréatrices de leur vie, en suivant leur existence avec dignité, liberté et responsabilité. Ces personnes deviennent « conscientes » de leur conscience et ne sont donc plus capables de vivre inconsciemment. Cela ne signifie pas que ce qui leur arrive dans la vie est toujours merveilleux, étonnant ou fantastique. L'état de conscience sophronique n'exclut pas la maladie, les accidents ou les catastrophes, mais une personne vivant dans cet état verra ces événements d'une manière très différente d'une personne qui est dans l'état de conscience commun ou dans un état de conscience pathologique.

Selon le docteur Caycedo, la conscience humaine est « voilée », car notre attention est principalement orientée vers le monde extérieur, et notre monde intérieur nous est inconnu. Notre existence est dictée par des programmes et des instincts, et ce n'est que par une méthode contemplative ou méditative que nous pouvons « découvrir » la conscience. La conscience est une force responsable de l'intégration de toutes les structures de l'existence humaine. Et ce n'est pas seulement une conscience des réalités internes et externes, mais une force cohésive qui intègre le corps, l'esprit, et toutes les structures responsables de l'existence des êtres humains. La conscience est un processus mental, des pensées, des sentiments ou des perceptions dont nous sommes conscients, ce qui nous pousse à penser à ce à quoi nous pensons, une conscience de soi. C'est le sentiment de comprendre son existence personnelle, la manière la plus avancée d'être humain.

La conscience est aussi le sentiment que l'homme a sur la moralité de ses actions. « Conscience » exprime une forme supérieure de pensée. Il s'agit d'une forme élevée de vie, de la plénitude de l'existence, de la capacité de l'homme à se rendre compte de son existence. Être conscient signifie être attentif, observer, être avec l'esprit au présent, être éveillé et conscient ; le contraire d'être « inconscient ».

Lorsque nous commençons les exercices de sophrologie, nous sommes dans le niveau éveillé, la plupart d'entre nous étant dans l'état de conscience commun. En faisant la sophronisation de base, nous passons aux niveaux sophroliminaux. Ensuite, nous faisons un des exercices de sophrologie (activation intrasophronique) et, après avoir terminé l'exercice (désophronisation), nous remontons au niveau éveillé, ayant progressé vers un état de conscience sophronique. Les niveaux de conscience ont également quelques caractéristiques, corrélées à l'intensité de la conscience.

Le niveau d'éveil

Il y a plusieurs façons d'être éveillé, certaines plus conscientes que d'autres. En général, il s'agit d'un état d'être actif. L'attention gravite vers le monde extérieur en cherchant à le vivre de manière claire, organisée et réaliste.

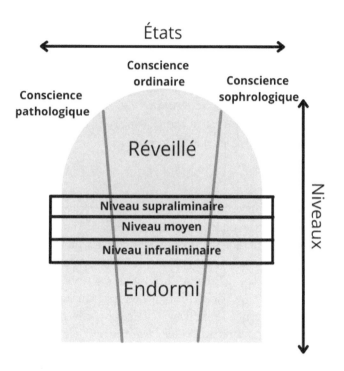

Entre le niveau d'éveil et le sommeil, nous avons les niveaux sophroliminaux, ceux dans lesquels nous pratiquons les exercices de sophrologie :

- le niveau supérieur, supraliminaire, correspond à une activation de la conscience, comme le permettent les exercices zen ;
- le niveau moyen intègre et équilibre la conscience. Lors des exercices de sophrologie, nous travaillons principalement dans ce niveau. La conscience prend conscience d'elle-même telle qu'elle est, sans jugement et avec curiosité et

émerveillement ;
- Le niveau inférieur, appelé « infraliminal », correspond à une inhibition de la conscience, par exemple l'hypnose, la pharmacologie (classification et action thérapeutique des médicaments), la transe, etc.

Le sommeil

Pendant le sommeil, notre corps passe par plusieurs cycles, et l'état d'éveil est perdu. Les deux états (éveil/sommeil) alternent dans notre vie, et leur coordination est assurée par des processus cérébraux complexes. Pendant le sommeil, l'état de conscience est remplacé par un état d'inconscience. Ce processus est réversible, de sorte que la stimulation sensorielle nous ramène à un état d'éveil et de conscience.

Le coma est un état d'inconscience prolongé, comprenant une absence de réponse aux stimuli, dont il est impossible de tirer une personne.

Atteindre et maintenir un état de conscience sophronique est le but de la sophrologie. Chacun d'entre nous peut atteindre la conscience sophronique dans certains moments de « connexion », par exemple lorsque nous avons une grande idée, lorsque nous créons, lorsque nous admirons une œuvre d'art, lorsque nous sommes connectés avec la nature, lorsque nous aimons. L'objectif est de vivre dans cet état le plus souvent possible. « Sans jugement », « comme si c'était la première fois », « avec curiosité et émerveillement », sont des concepts très importants pour rester dans un état de conscience sophronique, nous devons donc les maintenir actifs tout le temps dans notre esprit.

Les cinq systèmes et le mégasystème

Tous les exercices et théories sophrologiques sont étroitement liés au corps physique et à la connexion intime que nous avons avec notre corps. Pour mieux comprendre la relaxation sophrodynamique, il faut savoir qu'elle prend en compte cinq grands « systèmes », plus le mégasystème (le corps entier). Les cinq systèmes sont des parties du corps divisées en fonction de la concentration des nerfs en certains points. Ces systèmes suivent les plexus nerveux dans le corps. Il existe cinq plexus nerveux qui transportent les informations vers et depuis chacun de ces systèmes. Le sixième (méga) système est le corps entier.

Lorsque nous concentrons notre attention sur de petites parties du corps, nous remarquons les sensations physiques plus facilement et plus en détail que lorsque nous nous concentrons sur l'ensemble du corps. De plus, puisque les nerfs transmettent ces sensations, nous pouvons réellement sentir l'arrière des bras et les paumes des mains séparément de l'avant des bras et des mains. Pendant les exercices de sophrologie, nous déplaçons notre attention vers le haut ou vers le bas du corps, en nous concentrant sur les informations données par chacun de ces grands plexus nerveux.

Chaque système a un point d'intégration en son centre. Derrière chaque point se trouvent des glandes endocrines. Plus on avance dans la formation sophrologique, plus les exercices sont complexes et ciblés. Nous découvrons nos six systèmes qui, comme on peut le voir sur l'image ci-dessous, sont divisés.

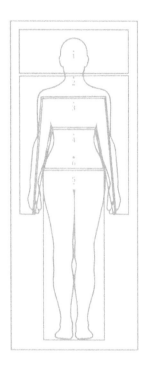

Premier système

La tête, le cerveau, les yeux, le nez, les oreilles, la bouche et la mâchoire, l'hypothalamus, l'hypophyse et la glande pinéale. Point d'intégration au milieu du front.

Deuxième système

Le cou, la gorge, les épaules, la partie extérieure des bras, les mains et les doigts, la thyroïde et les glandes parathyroïdes. Point d'intégration au milieu du cou.

Troisième système

La poitrine, le haut du dos, la partie inférieure des bras, les paumes des mains, les doigts et le thymus. Point d'intégration au milieu de la poitrine.

Quatrième système

La zone située entre la poitrine et le nombril, le milieu du dos, les organes internes, les glandes surrénales et le pancréas. Point d'intégration à mi-chemin entre le nombril et le plexus solaire.

Cinquième système

Le bas de l'abdomen, le bas du dos, les hanches, les jambes, les pieds et les orteils, les testicules et les ovaires. Point d'intégration juste en dessous du nombril.

Sixième système

Correspond au corps entier, le système endocrinien. Point d'intégration : le nombril. Ceux qui sont familiers avec la médecine orientale ont déjà fait le lien entre ces systèmes, le plexus nerveux et les différents chakras.

Mais à la différence des systèmes « yogiques », ceux qui manquent (par rapport aux chakras) sont le lien avec l'univers depuis le sommet de la tête, et le lien avec la Terre depuis la base du corps. Nous n'utilisons pas le mot « chakra » en sophrologie, car la sophrologie consiste à mettre de côté pour le moment les idées et les croyances reçues et de découvrir ce qui est là, ici et maintenant. Donc le mot « système » est utilisé, parce qu'il est neutre et que la plupart des gens ne sont pas conscients du contexte des chakras, et donc ils n'ont pas d'idées préconçues et sont ouverts pour découvrir ce qui est là. Si nous utilisons le mot « chakra », les gens peuvent commencer leur pratique sophrologique avec certaines croyances ou idées sur ce qu'est un chakra et ce n'est pas ce que nous voulons.

La vivance

La théorie du processus vivanciel de l'être est la théorie de la transformation de l'esprit et du corps, qui a lieu avec la pratique répétée des exercices de sophrologie et de leurs techniques connexes. Le mot « vivance » vient de l'espagnol, "*vivencia*", et c'est un mot qui fait partie du langage de la sophrologie.

Le terme allemand est "*erlebnis*". Il signifie « prendre conscience de ce dont nous sommes conscients », mais le mot « vivance » est plus qu'une simple expérience. Nous prenons conscience de notre intentionnalité, un concept tiré de la phénoménologie, qui consiste à rendre conscient ce qui était auparavant formé dans l'inconscient, à observer ce sur quoi nous nous concentrons, à chaque instant.

Cette prise de conscience peut se faire par n'importe lequel des sens. Notre conscience est toujours consciente de quelque chose. Lorsque nous remarquons ce que c'est, nous produisons une vivance. C'est presque comme donner un nom à, définir, et noter ce qui est là, un moment où l'esprit ou la conscience perçoit une nouvelle sensation. Chaque vivance issue de chaque expérience vivancielle produit une vivance qui, lorsqu'elle est reconnue, est comme une lumière qui s'allume dans la conscience. Chaque fois que nous découvrons une nouvelle vivance, nous remarquons quelque chose dont nous n'avions pas conscience. Une fois que nous avons remarqué cette nouvelle sensation, nous ne pouvons pas dire que nous ne la connaissons pas. Nous avons de nombreuses parties qui sont visibles, et d'autres qui sont invisibles. Au fur et à mesure que nous faisons les exercices, de plus en plus de sensations apparaissent, et notre corps devient plus léger.

En répétant les exercices et en découvrant continuellement des vivances, nous commençons à ressentir des changements en trois étapes :

- découverte ;
- maîtrise ;
- transformation.

Les exercices sont plus efficaces s'ils sont courts et répétés fréquemment, même pendant dix minutes seulement. Après chaque séance de sophrologie, le client est invité à répéter l'exercice, soit en écoutant un enregistrement, soit en le répétant mentalement. La maîtrise de la conscience sophronique n'apparaît pas naturellement, elle demande de la persévérance et une pratique régulière, comme tout ce que l'on apprend (un sport, une langue étrangère…). Le fait de prendre conscience de la vivance et d'en parler ou de l'écrire dans notre journal de description des *phénos*[1] accélère le processus d'apprentissage. Tous les exercices et techniques sophrologiques sont des processus vivanciels par lesquels nous guidons notre conscience vers de bonnes expériences, des sensations physiques agréables et plaisantes. Ce processus nous conduit progressivement vers la conscience sophrologique. Nous pouvons, bien sûr, vivre un processus vivanciel différent, guider notre attention et notre conscience vers des expériences désagréables et noter ces vivances et leurs effets sur notre corps, mais cela n'est pas le but. Notre objectif est de nous sentir bien, d'entraîner notre esprit à remarquer les choses agréables, de diriger notre attention vers le plaisir et la joie, et de remarquer leur effet positif sur notre corps.

Les structures de la conscience

Selon la sophrologie, la conscience est constituée de plusieurs structures phroniques, qui englobent l'intégration dynamique de l'être. Les structures phroniques sont représentées graphiquement dans la figure nommée « La coupe de vie en sophrologie ».

---

[1] Les phénodescriptions sont les explications de ce que vous avez vécu pendant les exercices, la description des phénomènes, sensations, perceptions, sentiments, que vous avez remarqués dans votre corps

En sophrologie, la conscience peut être interprétée comme une énergie contenant des charges positives, négatives, neutres et silencieuses, appelées « structures phroniques. » Celles-ci sont expliquées de la manière suivante.

1. **Les valences** sont les plus petits éléments de la conscience et nous avons :
   - les valences positives (sophroniques), qui sont des pensées, des souvenirs, des expériences ou des émotions agréables ;
   - les valences négatives (anaphroniques), qui sont des pensées, des souvenirs, des expériences ou des émotions désagréables ;
   - les valences neutres, qui comprennent des informations indifférentes, ni agréables, ni désagréables ;
   - les valences silencieuses ou muettes, qui sont les informations biologiques stockées dans le corps, cachées à la conscience.

2. **L'unité phronique** (ou la cellule phronique). Les unités ou cellules sont constituées de plusieurs valences, comme les atomes et les molécules (deux atomes ou plus forment une molécule). Plusieurs valences positives réunies conduisent à un fonctionnement sain de l'esprit et du corps. Plusieurs valences négatives réunies conduisent à un fonctionnement malsain de l'esprit et du corps.

3. **Les structures.** Des millions d'unités (groupes de valences) forment ensemble des structures, qui créent nos « mondes ».

Les structures actuelles créent le monde des phénomènes actuels, et représentent les choses observables dans le temps présent, ce dont nous sommes conscients. Les choses que nous savons. Les structures présentes sont aussi liées au monde extérieur, aux valences que nous avons assimilées de notre famille, de nos enseignants, de la société, des médias, des réseaux sociaux, de la politique et de la religion. En fonction de ce que nous avons reçu de l'extérieur, nous avons recueilli des valences positives, négatives ou neutres (« Tu es bon », « Tu es nul »...). Ce monde est également lié à la façon dont nous nous exprimons à l'extérieur par notre comportement ou notre code de conduite, et c'est là que nous pouvons voir clairement quelles sont nos valeurs, et que nous pouvons examiner les résultats de nos décisions.

Les structures latentes créent le monde des phénomènes latents, et représentent les phénomènes cachés, non révélés, qui sont sur le point d'émerger. Ce sont des choses dont nous sommes inconscients, mais auxquelles nous pouvons accéder. Des choses que nous savons et que nous ne savons pas. Dans le monde des phénomènes latents, nous avons des valences positives, qui nous encouragent, et des valences négatives, qui nous découragent. Ce sont les choses que nous acceptons comme des vérités, les idées auxquelles nous croyons (« Je ne suis pas créatif », « Je suis beau », « Je suis maladroit », « Les gens comme moi font comme ça »…), les croyances, les habitudes et les attitudes ; tout cela devient nos « programmes » par défaut. Nous y croyons et ils fonctionnent.

Les structures sous-jacentes créent le monde des phénomènes sous-jacents et sont représentées par des phénomènes biologiques, des structures exprimées par notre biologie et notre corps. Ces structures inconscientes agissent sans être sous notre contrôle conscient ; par exemple, l'ontogenèse, les changements du corps depuis le stade de l'embryon jusqu'à la fin de son existence, la phylogenèse, le développement de la vie sur Terre, la biologie, les manifestations anatomiques et physiologiques, le réservoir génétique, l'essence individuelle... Les structures latentes et sous-jacentes possèdent tout ce qui est nécessaire à la transformation. Les structures phroniques représentent tout le potentiel humain. La sophrologie travaille sur ce potentiel en activant les unités positives au sein des structures latentes. Il en résulte une intégration accrue de la conscience et un être humain plus sain. L'impact des actions positives (principes de l'action positive) sur l'unité phronique (groupe de valences) entraîne une augmentation des unités positives.

L'intégration dynamique de l'être

Chaque matin, lorsque nous nous réveillons, nous passons du monde fondamental et latent au monde conscient. Lorsque nous nous endormons, nous faisons l'inverse. Pendant la nuit, nous intégrons tout ce que nous avons vécu pendant la journée. Pendant la journée, nous faisons l'expérience de la vie et, pendant la nuit, nous intégrons nos expériences. Nous utilisons ce mécanisme naturel de la conscience en sophrologie. Nous remarquons les phénomènes qui surgissent des zones sous-jacentes et latentes de la conscience en faisant des exercices dynamiques, puis nous intégrons pendant les pauses phroniques les phénomènes et les expériences que nous avons amenés à la conscience. Progressivement, notre conscience et notre force vitale se développent et s'étendent. Si nous revenons sur « La coupe de la sophrologie », nous pouvons comprendre plus facilement l'objectif de l'entraînement à la sophrologie, dont le but est de mettre entre parenthèses les valences négatives (pendant la séance) et d'augmenter le nombre de valences positives de notre conscience (qui nous soutiennent dans notre vie quotidienne). De cette manière, nous dynamisons positivement notre monde latent et sous-jacent. Ce processus est appelé « rétromanance » (la flèche pointant vers le bas), il descend et amène ensuite dans le monde conscient et dans notre existence présente des capacités et des valences positives par un mouvement vers l'avant, appelé « manance » (la flèche pointant vers le haut).

En d'autres termes, lors des exercices de sophrologie, nous descendons dans les profondeurs de notre être et de notre conscience, la rétromanance, et la manance est ce qui émerge de cette profondeur (par exemple, la revitalisation : faire revivre une capacité) ; nous apportons quelque chose de nouveau à la lumière. Ce mouvement dans les mondes cachés de notre être est orienté positivement, et il est actif pendant les séances de sophrologie.

Les capacités et les contenus de la conscience

Ce sont deux concepts différents dans la théorie de la sophrologie. Ils se situent dans le monde des phénomènes latents. Les contenus sont individuels et personnels (par exemple, les souvenirs) et les capacités sont universelles (par exemple, la mémoire). Le docteur Caycedo propose une liste non exhaustive de 31 capacités présentes en chacun de nous, que nous développons tous différemment. En sophrologie, nous travaillons avec ces structures afin de devenir plus conscients de la façon dont nous les utilisons et de déterminer comment les améliorer et les renforcer. Toutes ces capacités sont des structures existant en nous.

1. Le rythme du sommeil
2. La corporalité (le corps) comme réalité vivante
3. La cénesthésie
4. La kinesthésie
5. Les sensations (les cinq sens)
6. La perception (la saisie et l'interprétation des sensations)
7. Les sentiments
8. La mémoire
9. L'orientation
10. Les pensées
11. L'attention
12. La concentration
13. La contemplation
14. L'association
15. La langue
16. L'intelligence
17. L'apprentissage

18. La communication
19. La sexualité
20. La conservation
21. L'imagination
22. Les émotions
23. L'affectivité
24. La transformation
25. La sociabilité
26. La futurisation (moyen de se projeter dans l'avenir, en tenant compte de notre potentiel existentiel positif)
27. La compréhension
28. La rationalisation
29. La réflexion
30. La volonté d'agir
31. La conscience morale

Intention et intentionnalité

S'appuyant sur la discipline de la phénoménologie, la sophrologie utilise les concepts d'intention et d'intentionnalité. La conscience est toujours consciente de quelque chose, et ce quelque chose n'est pas un accident. L'intentionnalité est ce sur quoi nous nous concentrons automatiquement (ou ce que nous remarquons) à chaque instant de la journée. Ce que nous remarquons dépend de deux choses :

- ce qui a de la valeur pour nous ;
- ce qui représente une menace ou un danger pour nous.

Par exemple, si nous sommes un artiste, nous remarquons automatiquement les couleurs, les formes et les silhouettes. Si nous aimons la nature et les plantes, nous remarquons les fleurs et les plantes partout où nous allons. Si quelqu'un représente une menace, nous remarquons les choses associées à cette personne. L'intention est quelque chose que nous voulons faire, nous avons une intention, c'est notre volonté personnelle de concentrer notre attention dans une certaine direction. L'intentionnalité « entraîne » l'attention là où elle se trouve sans que nous y prêtions attention. L'attention tombe automatiquement sans que nous soyons conscients de ce qui se passe. Lorsque nous prenons conscience de notre intentionnalité, nous faisons remonter à la surface, dans notre conscience, les pensées, les croyances, etc.

Et parce que nous voulons vivre de manière consciente, sans être dirigés par ces programmes, en prendre conscience est ce que nous pouvons faire pour avoir une vie plus épanouie et des expériences plus satisfaisantes. Chaque pensée envoie une impulsion neurologique à travers tout notre corps qui nous renforce ou nous affaiblit. Le pouvoir que nous avons vient de l'étude et de la compréhension de ce qui nous apporte du pouvoir, et en évitant ce qui nous affaiblit.

La région phronique

La « boîte noire », ou « hexagone de la conscience », représentée par cette figure symbolise la conscience ordinaire.

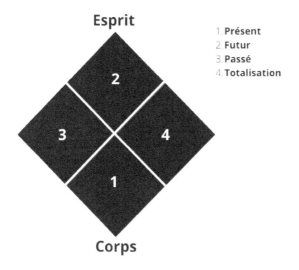

L'hexagone est divisé en quatre parties (présent, passé, futur, totalisation) et il est fermé, il n'a pas d'espace, le monde est vu comme préétabli. Par la pratique régulière du Cycle Réducteur, la conscience s'illumine de l'intérieur, devenant la Région Phronique, représentée symboliquement par l'hexagone blanc. En sophrologie, nous construisons ce nouvel espace, un nouveau territoire phénoménologique, où nous prenons conscience des trois dimensions temporelles (présent, futur et passé), incluses dans la totalisation du tout (tout est un). Nous devenons également pleinement conscients des dimensions temps et espace, à chaque instant. Lorsque nous sommes pleinement présents, nous transformons notre ancienne façon d'être, car la boîte noire s'ouvre au fur et à mesure que nous faisons les exercices et fait de la place pour créer progressivement la Région Phronique, pleine de lumière. Dans cet espace, l'esprit et le corps établissent une relation phénoménologique. Cette région prend forme et naît des associations de millions d'interconnexions au sein de nos fibres cérébrales, grâce à l'énergie de notre conscience.

La région se forme par la pratique régulière de la sophrologie. Le potentiel de création de cette région existe en chacun de nous. Par la pratique, nous intégrons progressivement les vivances de la vie qui nous habite en prenant conscience de nos contenus (sensations, émotions, etc.) et ce processus nous conduit à une nouvelle façon de vivre le monde.

> *« La sophrologie ne peut exister sans le concept de Région Phronique, de la même manière que la psychanalyse ne peut exister sans le concept d'inconscient. Le résultat final du cycle réducteur est la découverte de la Région Phronique. »*
>
> Docteur Alfonso Caycedo

Ainsi, les structures phroniques de la conscience sont découvertes lors de la pratique du Cycle Radical et deviennent apparentes à travers la Région Phronique. Sans cette conscience de la relation corps-esprit (la construction de la Région Phronique), la conscience est chaotique, ordinaire et détournée. La Région est donc un espace d'existence. Au début, elle est « fermée », mais progressivement, au fur et à mesure que nous renforçons nos structures dans le Cycle Radical de la sophrologie, la Région « s'ouvre ».

Terpnos Logos

Ce terme vient de la langue grecque et regroupe le ton, la voix, l'intensité et le langage utilisés par le sophrologue pour guider les exercices. Le sophrologue adopte un ton familier et décontracté, et la voix doit résonner de l'intérieur, afin de résonner profondément avec son propre corps. Les *logos terpnos* peuvent être : informatifs (descriptions et visualisations spécifiques et détaillées) ; persuasifs (plus hypnotiques, guidant et conduisant fortement le client) ; orientatifs (un langage neutre et ouvert, pour que le client suive ses propres sensations, pensées et sentiments afin que les phénomènes qui se produisent soient aussi purs que possible). C'est le langage le plus fréquemment utilisé en sophrologie. On dit souvent que le silence est le meilleur *terpnos logos* pour la sophrologie, c'est pourquoi nous utilisons le moins de mots possible.

L'alliance sophronique

L'alliance sophronique décrit la relation spécifique entre le sophrologue et le client. Il s'agit d'une relation particulière, de développement et de respect mutuels, en temps réel, tous deux conscients des phénomènes et de l'interaction en cours. Le sophrologue accompagne les clients en se concentrant sur leurs besoins, qu'ils soient thérapeutiques ou de développement personnel, avec ouverture et compréhension, et sans jugement. Cette attitude est l'un des concepts fondamentaux de la sophrologie, c'est pourquoi le client est encouragé à adopter la même attitude non seulement pendant les exercices, mais aussi dans la vie de tous les jours, tant dans ses relations avec lui-même qu'avec les autres.

Tous les sophrologues pratiquent toutes les techniques au cours de leur formation, en intégrant les bénéfices au niveau individuel, puis en les transmettant de manière thérapeutique et préventive. Le sophrologue a une attitude positive, ouverte, attentive au client (à son langage corporel, à sa façon de s'exprimer et à d'autres perceptions), il écoute, en évitant l'interférence de ses propres jugements ou interprétations (attitude phénoménologique), pour guider la thérapie de manière harmonieuse. Le client s'implique dans son propre développement et le sophrologue encourage son autonomie (le client peut pratiquer seul après avoir assimilé les attitudes et les exercices sophrologiques).

Les applications de la sophrologie

Santé

La sophrologie est née dans le domaine médical comme une thérapie unique ou complémentaire, en fonction du patient, du diagnostic ou d'autres particularités de sa situation. Selon le docteur Caycedo, on apprend au patient à découvrir sa conscience et à passer de la conscience pathologique à la conscience sophronique (harmonieuse). Il existe de nombreux médecins, psychiatres, psychologues, kinésithérapeutes et infirmiers qui pratiquent la méthode sophrologique en Europe. Le traitement sophrologique individuel est utilisé comme méthode thérapeutique ou préventive pour diverses affections :

- les malaises mentaux tels que l'anxiété, le stress, l'irritabilité, le surmenage, l'insomnie, les troubles psychosomatiques, les troubles alimentaires ou les changements physiques qui affectent l'état mental, etc. ;

- les problèmes physiques. Pour les personnes en réadaptation physique, la sophrologie réactive certaines fonctions qui ont été réduites à la suite d'une pathologie, par exemple. Certains traitements sont associés à la sophrologie. Souvent, le système circulatoire (cœur) et le système respiratoire (poumons) sont impliqués dans les plus gros problèmes psychosomatiques. Les douleurs thoraciques, les palpitations, la tachycardie et l'hyperventilation sont des symptômes courants chez les patients stressés et anxieux. Grâce à sophrologie, les personnes apprennent à contrôler leurs tensions et, ainsi, ces tensions diminuent ou disparaissent ;

- les difficultés existentielles : les circonstances particulières de la vie qui nécessitent un soutien sophrologique pour surmonter certains moments, comme la gestion du changement et de la transition, le deuil et la fatigue chronique.

La sophrologie est l'une des méthodes de préparation à l'accouchement les plus utilisées en France et dans d'autres pays francophones et hispanophones. La sophrologie aide les femmes à profiter pleinement de leur grossesse, à prendre conscience des changements qui se produisent pendant cette période et à les accepter. Le résultat des exercices est une diminution des inquiétudes liées à la grossesse, et les femmes apprennent à se détendre, à être calmes et confiantes. Même si la sophrologie a débuté dans le domaine médical, son application s'est étendue à bien d'autres domaines.

Sport

Comme mentionné plus en amont, la sophrologie a eu un rôle important et des résultats impressionnants dans le domaine sportif. Les athlètes s'entraînent à la fois physiquement et techniquement pour réaliser d'excellentes performances. La sophrologie complète l'approche traditionnelle, en y ajoutant une préparation mentale et émotionnelle qui ravive les capacités positives du corps et favorise la conscience corporelle, la corporalité et la sensorialité. Les exercices spécifiques aident les athlètes à rester calmes et concentrés pendant les compétitions, à avoir un esprit alerte et des mouvements précis. Son efficacité a été démontrée par de nombreux champions suisses qui ont remporté plus de 200 médailles au cours des 20 dernières années.

En apprenant à être totalement présents, à dissiper les peurs et les pensées indésirables, les athlètes activent leur potentiel et canalisent avec succès toute leur énergie.

Éducation

La sophrologie est une science qui croit au potentiel humain d'un point de vue éducatif. Elle développe et renforce les capacités individuelles, se concentre sur les expériences positives et les vivances du corps, aidant les jeunes à avoir confiance en leurs capacités, à être autonomes, libres et sûrs dans leurs pensées et leurs actions. Les étudiants et les élèves peuvent apprendre des techniques sophrologiques afin de mieux connaître leur corps et leur état mental, en participant activement à leur développement intellectuel et personnel.

Au niveau intellectuel, il existe des exercices pour développer l'attention, la concentration et la mémoire. Au niveau personnel, en travaillant sur la façon dont l'élève aborde et réagit à certains événements et situations liés à l'école, l'université, le travail, la famille, les amis et les collègues, il apprend à contrôler les situations qui génèrent du stress.

Les exercices apportent plus de calme et de lucidité dans la vie des étudiants et des élèves, surtout dans les moments où ils doivent se préparer intensivement aux examens. Avec cette pratique, ils ont tendance à être plus détendus et à avoir plus confiance en eux. Il n'est jamais trop tôt pour qu'ils apprennent à se détendre, à acquérir une attitude positive face à la vie, à se développer harmonieusement et à être sereins.

Affaires

Parfois, l'équilibre entre le travail, la famille et les loisirs n'est pas facile à maintenir. Le travail occupe une place importante dans notre vie, souvent plus de huit heures par jour. Pour les personnes actives et occupées, la pratique régulière de la sophrologie entraîne un plus grand calme et une meilleure relaxation, réduisant ainsi le risque d'épuisement professionnel (le *burnout*).

Chapitre 3 : La pratique de la sophrologie et quelques exercices

L'attitude en sophrologie

Ce chapitre décrit le déroulement de la pratique de la sophrologie. Pour faciliter la compréhension, j'ai choisi quelques exercices que nous utilisons habituellement au début, et j'explique chaque étape et sa signification. Je partage également avec vous quelques phénodescriptions de mes clients, les réponses qui ont émergé pendant les séances de sophrologie. Avant de passer à l'explication proprement dite du déroulement d'un exercice, je dois mentionner les attitudes appropriées à avoir lorsque nous pratiquons la sophrologie. Ces attitudes proviennent de la phénoménologie, et si nous les utilisons dans la vie quotidienne, nous devenons plus ouverts, flexibles et résilients, nous apprenons à accepter les autres et nous-mêmes plus facilement et à moins juger. Outre les bienfaits pour la santé, vous constaterez une amélioration de la qualité de votre vie intérieure (avec vous-même) et de vos relations avec les autres. On peut donc dire que la sophrologie est une aventure qui mène à la découverte de soi et des autres.

1. **Nous nous abstenons de juger**, d'avoir des idées préconçues, et nous acceptons ce qui est là. Nous prenons conscience de nos pensées et

constatons qu'il s'agit d'une opinion personnelle et non de la réalité. Par le jugement, nous créons notre version de la réalité, nous inventons notre histoire sur la vie. En laissant les jugements de côté, nous sommes plus ouverts d'esprit, nous ne nous sentons pas « obligés » d'étiqueter les choses. Les idées préconçues nous limitent, rétrécissent nos horizons. L'acceptation nous libère et nous aide à suspendre notre jugement, à voir et à expérimenter la réalité telle qu'elle est. Nous pouvons faire de même avec les personnes : au lieu de penser en termes de « j'aime/je n'aime pas » quelqu'un, nous pouvons laisser notre esprit libre de découvrir la personne, nous pouvons nous concentrer sur les qualités et non sur les défauts, et sur ce qui est beau et bon chez une personne. Y a-t-il quelqu'un qui puisse dire de lui-même qu'il est parfait ? Nous ne savons pas comment nous « paraissons » aux yeux des autres. Si nous demandons à différentes personnes comment elles nous perçoivent, nous verrons que les réponses varient et, qui plus est, nous pourrions être surpris par ce que nous entendons. La réalité est basée sur les perceptions. Pourquoi devrions-nous projeter nos propres perceptions sur les autres ?

2. **Comme si c'était la première fois.** Pendant les exercices, nous explorons notre corps avec cette attitude en tête. Voir les choses, les situations et les personnes comme si c'était la première fois ; nous sommes ouverts à de nouvelles possibilités, à une nouvelle perspective du monde et des

circonstances. Comme si c'était pour la première fois, avec curiosité et émerveillement ! Comme nous déballerions un cadeau joliment emballé en souriant. Nous ne savons pas ce que nous allons trouver à l'intérieur, mais nous savons qu'il est beau, et cette joie nous encourage à le découvrir, plein de curiosité et d'émotion. Et si nous regardions le jour suivant comme s'il s'agissait d'un cadeau extraordinaire que nous recevons chaque jour ? C'est l'attitude intérieure qui produit le changement, qui nous amène à regarder les choses différemment, avec ouverture, en mettant tout sous une lumière ou une couleur nouvelle. Vous pouvez aussi observer le chemin que vous prenez pour vous rendre à votre travail, que vous suivez tous les jours, mais que vous ne remarquez pas vraiment, comme si vous le voyiez pour la première fois. Adoptez la même attitude que vous avez lorsque vous visitez un nouvel endroit. Remarquez ce qui se passe dans votre corps lorsque vous faites cela. Ou encore, regardez des amis et des membres de votre famille que vous connaissez depuis des années comme si vous les voyiez pour la première fois, essayez de les considérer, plein de curiosité, comme avec le cadeau mentionné précédemment. Faites de même avec vos collègues, votre bureau ou la maison dans laquelle vous vivez. Cette attitude, adoptée de façon permanente, produit des changements dans notre esprit et notre corps, car elle maintient notre énergie dans le présent et ouvre de nouvelles opportunités pour expérimenter la plénitude de la réalité.

3. **Nous mettons entre parenthèses** tout ce que nous savons ou avons appris jusqu'à présent, ainsi que tous nos soucis et préoccupations. De cette façon, nous sommes ouverts pour vivre pleinement ce qui se passe pendant l'exercice. Notre esprit est prêt et libre d'apprendre, d'explorer ; nous sommes présents physiquement et mentalement.

4. **Nous répétons les exercices régulièrement** pour produire des changements durables. Nous pratiquons les exercices de sophrologie pour intégrer de nouveaux modes de fonctionnement mental dans notre vie quotidienne, en créant de nouveaux circuits neuronaux grâce à la plasticité du cerveau. La neuroplasticité est le potentiel qu'a le cerveau de se réorganiser par la création de nouveaux circuits, une malléabilité qui nous aide à nous adapter à nos besoins et au monde en constante évolution. Le cerveau peut se remodeler à tout âge. À chaque instant de la journée, des changements se produisent dans notre cerveau, générés par ce qui nous arrive, par nos émotions et nos pensées. Lorsque des neurones sont activés en même temps en réaction à certains stimuli, ils s'interconnectent, créant ainsi de fortes connexions. Plus nous pratiquons quelque chose, plus les connexions se renforcent. Et l'inverse est vrai. Si nous voulons nous débarrasser d'une habitude et que nous cessons soudainement de la pratiquer, les connexions s'effaceront et il nous sera de plus en

plus difficile de le faire. En sophrologie, lorsque nous apprenons quelque chose de nouveau ou que nous essayons de surmonter une habitude qui ne nous sert plus, nous nous concentrons sur la construction de nouvelles voies neuronales en répétant des exercices et des techniques de sophrologie, sachant que plus nous en faisons, plus nous avons de chances d'être efficaces. Pendant les exercices, de nombreux changements neuronaux ont lieu car le cerveau est sollicité. De cette façon, nous pouvons éliminer les vieilles croyances, les idées et les vieilles habitudes profondément enracinées qui ne sont plus utiles.

Que se passe-t-il pendant un exercice de sophrologie ?

Pendant les exercices, nous prenons conscience de notre corps, en observant avec curiosité et émerveillement les sensations et les phénomènes physiques qui se présentent. Une approche sophrologique commence par la reconnaissance de notre corporalité et la réintégration de cette fonction primordiale dans le présent. Afin de tourner notre attention vers l'intérieur, nous devons éliminer les distractions extérieures. Un bon moyen de les éliminer est de fermer nos récepteurs, en particulier la vue et l'ouïe. Pour la vue, c'est facile, il suffit de fermer les yeux. Pour l'ouïe, c'est plus difficile, mais nous devons nous fermer mentalement aux bruits extérieurs afin de pouvoir entendre nos sons intérieurs. Se concentrer demande un effort de volonté et constitue une excellente opportunité de développement.

L'objectif est de rendre les personnes responsables et autonomes, afin qu'elles puissent vivre une vie authentique. Ce qui compte, c'est de faire les exercices ; ils sont nombreux et variés, et pour présenter les étapes que nous utilisons en sophrologie, j'en ai choisi un qui est très efficace pour éliminer les tensions physiques.

La Sophro-Relaxation

L'information présophronique contient une explication de la séance, des objectifs et de la méthode : cet exercice est appelé « Sophro-Relaxation » (version courte).

Il s'agit d'une méthode simple utilisée pour se débarrasser de toutes les sensations et émotions négatives générées par le corps, une sorte de nettoyage de printemps du corps. C'est également un très bon exercice pour les personnes qui traversent une période difficile. Expirer toute douleur ou souffrance, tant sur le plan physique que mental, a des conséquences positives sur toutes les structures de la conscience. La réalité est qu'une personne vit cette douleur. Cet exercice nous aide à nous débarrasser de la douleur, non pas en nous attaquant à la cause, mais en changeant la façon dont nous vivons la douleur. Vous allez prendre conscience de l'ensemble de votre corps, comme si c'était la première fois, en l'explorant avec curiosité de haut en bas. Je vais nommer chaque partie du corps, et je veux juste que vous les remarquiez. Imaginer que vous êtes un scientifique d'une autre planète qui est venu sur Terre pour faire des recherches sur le corps humain peut vous aider.

Vous vous trouvez maintenant à l'intérieur du corps et vous l'explorez avec curiosité et émerveillement. Ensuite, vous devez faire un rapport sur ce que vous avez vu et ressenti : les sensations, le froid, la chaleur, le poids, les frissons, la forme, la taille, et ainsi de suite. Puis nous continuons, en utilisant la respiration, à relâcher les tensions physiques et émotionnelles par le biais de l'apaisement des tensions. Nous faisons une pose d'intégration pour voir comment le corps se sent après avoir relâché les tensions. Puis, nous terminons l'exercice (désophronisation).

Sophronisation de base : c'est le processus par lequel le sophrologue guide le client à découvrir son corps. En général, lorsqu'on remarque ce qui est là, le corps se détend automatiquement. Le but n'est pas de détendre le corps, mais de prendre conscience de celui-ci et de l'accepter tel qu'il est à chaque instant.

Habituellement, après une sophronisation de base, le client est plus détendu. Au début, certaines personnes atteindront probablement le niveau supraliminal, mais avec l'entraînement, le corps gagnera en confiance et passera au niveau intermédiaire.

Les paragraphes qui vont suivre sont les descriptions d'un exercice de sophronisation ainsi que l'exercice en lui-même. Il est disponible en audio en flashant le QR code ci-dessous. Toutefois je vous conseille de lire l'exercice au complet avec sa description avant de démarrer ledit exercice.

Choisissez un endroit calme, éteignez votre téléphone, asseyez-vous les pieds sur le sol et mettez-vous à l'aise. Fermez les yeux pour mieux vous concentrer sur ce qui se passe à l'intérieur. Si vos yeux sont ouverts, vous pouvez être distrait plus facilement, mais si vous préférez rester les yeux ouverts, c'est bien aussi. Prenez conscience de votre corps comme si c'était la première fois... Prenez conscience des sons à l'intérieur de la pièce... et des sons de votre propre corps, respiration... battements de cœur... Accueillez ces sons comme faisant partie de la vie, sans essayer de comprendre ce qu'ils sont... Maintenant, concentrez-vous sur votre tête, et devenez conscient de toutes les sensations... surtout du front, des yeux, des muscles autour des yeux... du nez, de l'air qui entre et qui sort... de tout ce qui entre et sort des oreilles... de la mâchoire et de la bouche... l'arrière de la tête... Descendez votre attention vers le cou et la gorge... en observant tout ce qui se passe dans les épaules, la partie extérieure des bras, les coudes, les poignets, les mains et les doigts, tous les phénomènes qui se produisent... Puis, prenez conscience de votre poitrine, de tout ce qui se passe à l'intérieur, de la partie supérieure du dos et de la partie intérieure des bras, des mains, des paumes et des doigts, en remarquant avec curiosité toutes les sensations physiques... Concentrez maintenant votre attention sur la partie médiane du corps, entre la poitrine et la taille... la partie médiane du dos... et les organes internes... Prenez conscience de vos hanches, en remarquant toutes les sensations à l'intérieur et à l'extérieur de cette zone... les cuisses... Descendez vers les jambes, les genoux, la partie inférieure des jambes, les chevilles, les pieds, les orteils... Prenez maintenant conscience de l'ensemble de votre corps comme si c'était la première fois... Remarquez le poids de votre corps... sa température... sa forme et sa taille... chaque sentiment ou sensation est la bienvenue...

L'activation intrasophronique

Après avoir effectué l'exercice de sophronisation de base et avoir pris conscience du corps, nous poursuivons avec la méthode choisie, dans ce cas le relâchement des tensions.

Expirez en vidant complètement l'estomac et les poumons... Inspirez profondément, retenez votre souffle, amenez les mains au-dessus de la tête et tendez tout le corps... le visage, la gorge, les épaules, l'abdomen, les fesses, les jambes, tous les muscles... un peu plus... et en même temps, remarquez les sensations provenant des tensions accumulées... Tenez un peu plus... et expirez en relâchant, posez vos mains... à chaque expiration, relâchez toutes les tensions... avec chaque expiration, relâchez les tensions physiques, émotionnelles et mentales... Expirez à nouveau en vidant complètement l'estomac et les poumons... Inspirez profondément, retenez votre souffle, amenez vos mains au-dessus de votre tête et tendez tout le corps... visage, gorge, épaules, abdomen, fesses, jambes, tous les muscles... et en même temps, observez les sensations provenant des tensions accumulées... puis expirez à nouveau, en relâchant toutes les tensions du corps à chaque expiration... et pour la troisième fois, expirez, inspirez, tendez tout le corps... Tenez un peu plus longtemps... Observez avec curiosité tous les phénomènes qui se produisent... Relâchez à chaque expiration...

La pose d'intégration est un moment important de l'exercice qui permet d'intégrer, d'observer et d'assimiler les sensations offertes par le corps. Lorsque l'effort conscient diminue progressivement, un nouveau monde se déploie, notre univers intérieur, accompagné des murmures profonds de notre être, de la vie.

Laissez-vous porter par cette sorte de sensation agréable de calme et de tranquillité, ce réarrangement intérieur, une communication intime avec votre corps... Toutes les sensations physiques sont les bienvenues, observez-les avec curiosité et émerveillement... Remarquez aussi comment votre corps se sent maintenant.

La désophronisation marque la fin de l'exercice, le retour au tonus général exigé par la vie quotidienne, le retour à la vigilance normale, mais un pas de plus vers l'état de conscience sophronique. Doucement et progressivement, nous bougeons notre corps, de bas en haut, nous nous étirons et nous n'ouvrons les yeux que lorsque nous sommes prêts, lorsque nous sommes sûrs d'avoir pleinement récupéré le tonus et la vigilance.

Bougez votre corps en commençant par les orteils... Laissez votre corps bouger comme il le souhaite et le ressent... Étirez-vous, remarquez les sensations physiques... Et, seulement lorsque vous êtes prêt, ouvrez les yeux et écrivez dans votre journal ce que vous avez ressenti et observé pendant l'exercice.

Le dialogue post-sophronique (interaction avec le sophrologue) est très important, car si nous n'exprimons pas ce que nous avons ressenti pendant l'exercice, ces sensations peuvent rester au fond de notre corps, et nous n'en profitons pas vraiment, alors que les exprimer oralement ou les écrire nous assurera d'en conserver les bénéfices. Ces prises de conscience sont appelées « phénodescriptions ». Les phénodescriptions sont de nouvelles vivances, des sentiments et des sensations que nous avons expérimentés pendant les exercices. Si vous faites les exercices sophrologiques seul et que vous n'avez pas l'occasion de parler avec un sophrologue, écrire vos phénodescriptions augmentera le processus de prise de conscience ; écrire dans un journal nous aide à nous souvenir de ce que nous avons ressenti, dans quelle partie du corps, pour ne pas seulement avoir une vague sensation de « C'était bien », « Je me sens en paix », « Je me détends », « Je suis plus calme », « Je ne me sens plus aussi tendu »...

Nous avons tendance à oublier ou à ne pas mettre l'accent sur les sensations que nous recevons de notre corps et, à travers la pratique de la sophrologie, nous voulons faire un et être en harmonie avec notre corps. Écrire dans un journal nous aide à entraîner notre esprit à prêter attention aux sensations que nous éprouvons pendant les exercices, de sorte que nous vivons de plus en plus consciemment dans notre vie quotidienne. En même temps, prendre conscience de ces phénomènes et en discuter avec un sophrologue peut avoir un effet thérapeutique profond. Vous trouverez ci-dessous quelques phénodescriptions écrites par certains clients. Rappelez-vous que chacun ressent, prend conscience et décrit à sa manière. Les phénodescriptions sont personnelles, résultat d'une interaction intime avec notre propre corps. Chaque fois peut être différente, même si nous pratiquons le même exercice, et l'expérience peut ne pas être la même pour tout le monde.

« Maintenant, je suis plus détendu et plus joyeux. Après avoir été tendu et avoir ressenti un soulagement dans mon corps, je me sens plus léger. J'ai perçu une agréable sensation de chaleur dans la zone abdominale. »

« C'était une sensation nouvelle et unique, étant donné que c'était la première fois que je faisais ce genre d'exercice. J'étais heureuse de rencontrer mon corps physique de cette manière. »

« Il s'agissait en quelque sorte d'une visualisation, d'une exploration de l'intérieur, c'est-à-dire que je n'ai pas essayé de me détacher de façon imaginaire du corps et de le regarder d'ailleurs, mais je l'ai fait de l'intérieur. Je me suis sentie bien, détendue, je veux plus. »

Le niveau sophroliminal dans lequel nous « entrons » pendant l'exercice est un niveau excitant, nous nous unissons aux sensations et nous nous fondons dans cette expérience. Ce niveau stimule notre imagination. On peut y retrouver le goût de quelque chose, l'envie de quelque chose, la motivation, on se reconnecte avec soi-même et on peut même faire renaître l'amour de la peinture, de la musique ou d'autres passions oubliées depuis longtemps. Nous nous redécouvrons. Accéder et rester à ce niveau est rééquilibrant, restructurant et tranquillisant. Parfois, après un exercice, on a l'impression d'avoir fait une sieste revigorante.

La première fois que j'ai fait un exercice de sophrologie, j'ai écrit la description suivante du phéno :

« Les sensations physiques étaient très agréables, comme s'il s'agissait d'une vague d'énergie traversant mon corps. Dans ma poitrine, je sentais une grande concentration d'émotions qui voulaient être libérées, comme si mon âme était dans une cage et voulait être libre. Même après l'exercice, j'ai ressenti le besoin de respirer profondément afin de calmer mon « feu » interne. Qui sait ce que l'extraterrestre a trouvé dans mon corps énergétique. J'ai facilement trouvé des moments heureux. »

En pratiquant régulièrement, cela devrait arriver tout seul. Diriger l'attention sur l'intérieur de notre corps nous connecte avec nous-mêmes à un niveau plus profond, et nous prenons conscience de phénomènes dont nous ignorions l'existence, mais qui pulsaient de manière subliminale dans notre corps.

Exercice arc-en-ciel

Les paragraphes qui vont suivre sont les descriptions d'un exercice de sophronisation ainsi que l'exercice en lui-même. Il est disponible en audio en flashant le QR code ci-dessous. Toutefois je vous conseille de lire l'exercice au complet avec sa description avant de démarrer ledit exercice.

Information présophronique

Cet exercice est généralement l'un des premiers à être fait dans une séance de sophrologie, car il est agréable et ludique, et souvent préféré par les personnes. Après la sophronisation de base, nous continuons, en utilisant la respiration, à relâcher les tensions physiques et émotionnelles, puis nous pensons à toutes les couleurs de l'arc-en-ciel, une par une ; nous pouvons facilement remarquer les effets des couleurs sur notre corps, et cela nous aide à nous familiariser avec une conscience des sensations du corps. Vous prenez conscience de tout le corps, comme si c'était la première fois, en l'explorant avec curiosité de haut en bas. Je vais nommer chaque partie du corps, et je veux que vous la remarquiez.

Gardez une attitude ouverte et curieuse et essayez de recueillir le plus grand nombre possible de sensations, que vous consignerez par la suite dans votre journal. Après la pose d'intégration, nous terminons l'exercice.

Sophronisation de base

Choisissez un endroit calme, éteignez votre téléphone, asseyez-vous les pieds sur le sol et mettez-vous à l'aise. Fermez les yeux pour pouvoir mieux vous concentrer sur ce qui se passe à l'intérieur. Si vos yeux sont ouverts, vous pouvez être plus facilement distrait, mais si vous préférez rester avec les yeux ouverts, c'est bien aussi. Prenez conscience de votre corps comme si c'était la première fois... Prenez conscience des sons à l'extérieur de la pièce... des sons à l'intérieur de la pièce... et des sons de votre propre corps, respiration... battements de cœur... Accueillez ces sons comme faisant partie de la vie, sans essayer de comprendre ce qu'ils sont... Maintenant, concentrez-vous sur votre tête, prenez conscience de toutes les sensations... Prenez conscience de votre front, de vos yeux, des muscles autour des yeux... tout ce qui se passe dans et autour des oreilles... le nez, l'air qui entre et l'air qui sort... la mâchoire et la bouche... et l'arrière de la tête... Déplacez votre attention vers le cou et la gorge... en observant tout ce qui se passe dans les épaules, la partie extérieure des bras, les coudes, les poignets, les mains et les doigts, toutes les sensations qui se manifestent... Puis, prenez conscience de votre poitrine, de tout ce qui est à l'intérieur, de la partie supérieure du dos et de la partie intérieure des bras, des mains, des paumes et des doigts, en remarquant avec curiosité toutes les sensations physiques... Attirez maintenant votre attention sur la partie médiane du corps, entre la poitrine et la taille... la partie centrale du dos... et les organes internes... Prenez conscience de vos hanches, en remarquant toutes les sensations à l'intérieur et à l'extérieur de cette zone... les cuisses... Descendez vers les jambes, les genoux, le bas des jambes, les chevilles, les pieds, les orteils... Prenez conscience de l'ensemble du corps comme si c'était la première fois... Remarquez le poids de votre corps... sa température... sa forme et sa taille... Tous les sentiments et sensations sont les bienvenus...

Activation intrasophronique

Expirez complètement en vidant l'estomac et les poumons... Inspirez profondément, retenez votre souffle, amenez vos mains au-dessus de votre tête et tendez tout votre corps... et relâchez.... et continuez à relâcher toutes les tensions en les expirant, toutes les tensions, physiques, émotionnelles du corps, tout ce que vous ne voulez plus... Prenez conscience de la couleur rouge... Tout devient rouge, comme si vous regardiez à travers un filtre rouge, et remarquez toutes les sensations physiques qui apparaissent... Puis la couleur devient orange, orange vif... et remarquez l'impact de cette couleur sur votre corps... comment vous vous sentez... peut-être qu'une zone du corps a des sensations plus intenses... Prenez conscience de la couleur jaune, comme le jaune du soleil, en remarquant si cette couleur a les mêmes effets sur votre corps ou si, peut-être, elle est différente... Tout devient maintenant vert à l'intérieur et à l'extérieur... comme le vert de la nature... Remarquez les phénomènes qui se produisent... Concentrez votre attention sur la couleur bleue, comme le ciel... et prenez conscience de l'impact de cette couleur sur votre corps...

puis sur l'indigo, comme le ciel la nuit… en remarquant les sensations… et où… ce que cette couleur veut vous dire… Observez ce que vous ressentez… Prenez conscience de la couleur violette, comme un champ de lavande, et de l'interaction de cette couleur avec votre corps… Maintenant, laissez les couleurs…

La pose d'intégration

Prenez conscience de votre respiration ; votre corps respire et vous n'avez rien à faire pour cela… Remarquez ce qui se passe maintenant dans votre corps… Restez quelques instants à vous fondre dans le moment présent… Vous êtes maintenant, ici…

Désophronisation

Bougez votre corps en commençant par les orteils… Laissez votre corps bouger comme il le souhaite et le sent… Étirez-vous, remarquez les sensations physiques… et seulement quand vous êtes prêt, ouvrez les yeux et écrivez dans votre journal ce que vous avez ressenti, ce que vous avez vécu et observé pendant l'exercice.

Écrivez vos phénodescriptions dans le journal.

« Un exercice très agréable, je me suis sentie pleine d'énergie et de bonheur. Je me suis sentie le mieux dans la couleur verte. J'ai senti comment une chaleur allait à chaque partie du corps sur laquelle on me disait de me concentrer. »

« Je me sens très détendue. Avec la couleur rouge, j'ai ressenti de l'énergie ; avec le vert, du sommeil ; avec le violet, comme si je me réveillais. J'ai senti une lumière jaune dans tout mon corps, comme si je guérissais. »

« Couleurs : rouge, excitation, frayeur ; vert, sensation de détente (je m'étire) ; orange, j'ai nagé dans l'orange, bien-être, liberté, confort total. Parties du corps : le cœur, les vaisseaux, la vascularisation, les battements, le mouvement, le pouls dans les joues. J'ai vu mon corps comme si j'étais allongé sur le dos et que je regardais en l'air, tout semblait énorme. »

Exercice de remontée d'humeur

Les paragraphes qui vont suivre sont les descriptions d'un exercice de sophronisation ainsi que l'exercice en lui-même. Il est disponible en audio en flashant le QR code ci-dessous. Toutefois je vous conseille de lire l'exercice au complet avec sa description avant de démarrer ledit exercice.

Informations présophroniques

Cet exercice change notre humeur par l'activation de souvenirs positifs et entraîne notre cerveau à se concentrer de plus en plus sur les aspects positifs de la vie. Nous remarquons ce que fait notre corps lorsque nous nous sentons bien, où et comment nous ressentons ces émotions positives dans le corps, en soulignant en même temps l'importance de ces pensées et leurs effets sur notre corps. En répétant l'exercice et en rassemblant autant de souvenirs et d'événements agréables que possible, nous nous sentons plus heureux.

Après la sophronisation de base, nous continuons, en utilisant la respiration, à relâcher toutes les tensions, puis nous nous rappelons les souvenirs ou les événements qui nous ont fait du bien, et nous revivons ces souvenirs comme s'ils se produisaient maintenant, en observant avec curiosité et émerveillement toutes les sensations physiques. Nous activons tous nos sens et nous essayons d'en recueillir le plus possible, afin de pouvoir les écrire dans le journal. Après la pose d'intégration, nous terminons l'exercice.

Sophronisation de base

Choisissez un endroit calme, éteignez votre téléphone, asseyez-vous les pieds sur le sol et mettez-vous à l'aise. Fermez les yeux pour mieux vous concentrer sur ce qui se passe à l'intérieur. Si vos yeux sont ouverts, vous pouvez être plus facilement distrait, mais si vous préférez rester avec les yeux ouverts, c'est bien aussi. Prenez conscience de votre corps comme si vous le faisiez pour la première fois... Prenez conscience des sons à l'extérieur de la pièce... des sons à l'intérieur de la pièce... et des sons de votre propre corps, respiration... battements de cœur... Accueillez ces sons comme faisant partie de la vie, sans essayer de comprendre ce qu'ils sont... Maintenant, concentrez-vous sur votre tête, prenez conscience de toutes les sensations... surtout sur le front, les yeux et les muscles autour des yeux... Tout ce qui se passe dans et autour des oreilles... le nez, l'air qui entre et l'air qui sort... la mâchoire et la bouche... et l'arrière de la tête... Déplacez votre attention vers le cou et la gorge... en observant tout ce qui se passe dans les épaules, la partie extérieure des bras, les coudes, les poignets, les mains et les doigts, toutes les sensations qui surviennent... Puis, devenez conscient de la situation. Prenez conscience de votre poitrine, de tout ce qui se passe à l'intérieur, de la partie supérieure du dos et de la partie intérieure des bras, des mains, des paumes et des doigts, en remarquant avec curiosité toutes les sensations physiques... Maintenant, concentrez votre attention sur la partie médiane du corps, entre la poitrine et la taille... la partie centrale du dos... et les organes internes... Prenez conscience de vos hanches, en remarquant toutes les sensations à l'intérieur et à l'extérieur de cette zone... les cuisses... Descendez vers les jambes, les genoux, le bas des jambes, les chevilles, les pieds, les orteils... Prenez maintenant conscience de l'ensemble de votre corps comme si c'était la première fois... Remarquez le poids de votre corps... sa température... sa forme et sa taille... tous les sentiments et toutes les sensations sont les bienvenus...

Activation intrasophronique

Expirez en vidant complètement les poumons... Inspirez profondément, retenez votre souffle, amenez vos mains au-dessus de la tête et tendez tout le corps... et relâchez.... et continuez à relâcher toutes les tensions en les expirant ; les tensions physiques, les tensions émotionnelles du corps, tout ce que vous ne voulez plus... Observez comment vous respirez... et les sensations physiques qui sont là... Prenez conscience de tout votre corps, du sommet de la tête jusqu'au bout des orteils... Toutes les sensations sont les bienvenues... Restez quelques instants dans ce moment précis... Maintenant, pensez à quelque chose qui pourrait vous aider, quelque chose qui vous rend heureux, quelque chose que vous aimez faire, un moment qui vous a donné du plaisir ou de la joie, quand vous vous êtes vraiment senti bien, et revivez-le comme si cela se passait maintenant... Remarquez ce qui se passe dans votre corps... quelles sensations surgissent quand vous activez ce bon souvenir... Prenez conscience des sens, écoutez les sons... remarquez les couleurs... l'odeur... le toucher... le goût... revivez les sensations positives données par ce moment... comme s'il se produisait maintenant... Choisissez un autre moment heureux qui s'est produit récemment et revivez-le maintenant, en remarquant avec curiosité ce que votre corps fait quand vous pensez à quelque chose qui vous rend heureux... Pour accéder à des souvenirs encore plus agréables, cherchez dans votre mémoire un autre événement heureux qui vous apporte un état total de joie et de bien-être... Activez tous vos sens et remarquez ce que votre corps fait dans ces moments...

La pose d'intégration

Restez un moment dans cette pose, en savourant les sensations données par la profondeur de votre être... Vous êtes ici, maintenant...

Désophronisation

Bougez votre corps en commençant par les orteils... Laissez votre corps bouger comme il le veut et le sent... Étirez-vous, remarquez les sensations physiques... et seulement quand vous êtes prêt, ouvrez les yeux et écrivez dans votre journal ce que vous avez vécu et observé pendant l'exercice.

Écrivez vos phénodescriptions dans le journal.

« Je me suis détendue lorsque j'ai commencé à prendre conscience de mon corps, mais pas dès le début. Ensuite, c'est comme si mon esprit s'était calmé. J'ai pensé à quelqu'un que j'aime et qui me manque, j'ai revécu des moments qui me remplissent d'amour. Je me sens pleine d'amour. »

« Pendant ce voyage, les choses suivantes se sont produites : c'était une sorte de relaxation étrange. C'était un processus et mon corps a commencé à se détendre à différents niveaux. En premier lieu, mon corps a commencé à se détendre quand, au même moment, des plumes colorées sont apparues comme une image, comme s'il s'agissait d'une cérémonie indienne. J'ai également pris conscience d'un autre niveau de relaxation, où je sentais des frissons dans mon corps. Je me suis détendu encore plus et à un moment donné, je pense avoir perdu le contact avec l'endroit, ne ressentant qu'un vide lisse dans mon corps. Les frissons sont revenus, et des souvenirs heureux sont revenus, comme des souvenirs que j'aimerais vivre à nouveau. »

Stimuler la créativité, interconnecter les hémisphères

Hémisphère du cerveau

Comme l'a décrit Anca Munteanu, « outre cette variété de méthodes, du point de vue de la créativité, il est important que la relaxation (être dans un état crépusculaire entre la veille et le sommeil) augmente l'accès aux sources de l'inconscient, en utilisant les précieuses fonctions de l'hémisphère cérébral droit plus judicieusement ». La sophrologie propose quelques exercices simples pour interconnecter les deux hémisphères cérébraux, qui, s'ils sont pratiqués régulièrement (quotidiennement), nous aident à mieux nous concentrer, à être plus lucides, à améliorer notre mémoire, notre imagination et notre créativité. Asseyez-vous confortablement et détendez profondément vos muscles... Fermez les yeux... Respirez profondément, lentement, prenez quelques respirations abdominales... (Vous pouvez effectuer, pour une relaxation plus profonde, tout le processus de base de la sophronisation.) Imaginez un cheval noir avec votre œil gauche et un cheval blanc avec votre œil droit en même temps, ou vice versa. Faites cela pendant quelques secondes puis unifiez les images au centre pour voir un seul cheval gris. Vous pouvez modifier cet exercice en imaginant n'importe quel objet, forme géométrique ou couleur. Une autre version de l'exercice consiste à « écouter » simultanément avec l'oreille droite une mélodie favorite et avec l'oreille gauche une autre mélodie, d'un genre musical différent. Réunissez-les ensuite. Écrivez vos phénodescriptions dans le journal.

« En regardant les chevaux séparément, j'ai ressenti une concentration dans le cerveau pour les garder comme ça, et quand j'ai fusionné l'image en un seul cheval gris, la concentration était aussi unie. Intéressant ! Mon attention s'est accrue. »

Trois exercices de respiration

Pour pouvoir profiter des bienfaits de la respiration profonde, nous devons l'exercer, et pas seulement lire et penser « Ça a l'air bien, mais je les ferai plus tard » ou « demain » par commodité. Il est recommandé de faire les exercices à jeun ou une à deux heures après un repas. Vous trouverez ci-dessous trois types différents d'exercices de respiration. Pratiquez-les et voyez ce que dit votre corps, ce qu'il aime, quand il se sent le mieux et faites attention au flux énergétique du corps. Puis, écrivez les phénodescriptions dans votre journal.

1. Ce type de respiration est très efficace pour oxygéner et calmer l'ensemble du corps et certaines personnes se sentent énergisées après l'avoir pratiqué.

Inspirez lentement et profondément par le nez, jusqu'à ce que l'estomac devienne comme un ballon. Déplacez l'air de l'estomac vers les poumons, afin que l'estomac se vide, puis déplacez l'air vers les épaules et expirez seulement maintenant par la bouche. Répétez cette respiration plusieurs fois, lentement, sans rien forcer.

Faites attention à votre respiration et à tout ce qui se passe dans votre corps.

2. Cet exercice de respiration augmente votre concentration, oxygène le cerveau, apaise et revitalise l'esprit.

Couvrez votre narine droite avec votre pouce et inspirez uniquement par la narine gauche. Retenez votre respiration pendant une seconde en couvrant votre narine gauche et expirez par la droite, puis inspirez par la droite. Retenez votre respiration pendant une seconde en couvrant votre narine droite et en expirant par la narine gauche, puis en inspirant par la gauche. Faites 20 respirations (10 pour chaque narine). Ainsi, après avoir expiré par une narine, inspirez par la même avant de changer.

3. Cet exercice se fait avec les mains croisées sous les bras, comme si vous vous enlaciez.

Inspirez, jusque dans les poumons, 36 fois sans vous presser, en observant ce qui se passe dans votre corps. Vers la quinzième inspiration, votre respiration devient plus profonde, plus douce et plus agréable. Cette respiration est efficace pour les personnes qui veulent améliorer leur sommeil.

La journée parfaite sans stress

Imaginez à quoi ressemblerait une journée de travail complète si vous suiviez les idées présentées dans ce livre, sachant que nous pouvons facilement transformer une journée de travail en une expérience paisible et calme. Comment vous sentiriez-vous ? Comment serait-elle ?

Commencer la journée

Le réveil sonne. Respirez profondément. Concentrez toute votre attention sur votre corps. Étirez-vous comme un chat et levez-vous. Petit-déjeuner ? Bien sûr. Mais même si vous ne buvez qu'un café ou un thé, transformez-le en un moment qui compte. Asseyez-vous et, quoi que vous preniez, goûtez-le, savourez-le et appréciez-le (cela ne va pas vous prendre plus de temps !). Faites également attention aux autres activités que vous faites, comme prendre une douche et vous habiller. Ne faites rien sur le pouce aujourd'hui.

Se rendre au travail

Même si vous vous rendez au travail en transport en commun ou en voiture, vous pouvez utiliser ce temps pour vous détendre. Vous trouvez cela difficile à croire ? Vous attendez le tram ou le feu vert ? Utilisez tous les temps d'attente pendant la journée pour vous détendre, même lorsque vous attendez que votre ordinateur s'allume ou autre chose. Respirez, baissez les épaules, vérifiez s'il y a des tensions dans votre corps et si c'est le cas, relâchez-les. Même si vous ne voulez ou ne pouvez pas pratiquer de techniques de respiration, essayez simplement de respirer un peu plus lentement et profondément, facilement, sans rien forcer.

Au travail

Faites une pause avant d'être fatigué. Vous retrouverez votre énergie beaucoup plus rapidement, vous serez efficace et vous vous sentirez alerte beaucoup plus longtemps. Voici quelques idées.

Asseyez-vous, fermez les yeux, desserrez les mâchoires, relâchez les épaules, concentrez-vous sur le contact de vos pieds avec le sol et expirez bruyamment. Plusieurs fois dans la journée, vérifiez avec vous-même : « Est-ce que je respire ? » Oui, mais comment ? Où ? Quelle sensation cela vous procure-t-il ? Cela vous plaît-il ou voulez-vous changer quelque chose ? Le secret consiste à faire de très courtes pauses plusieurs fois dans la journée, 30 secondes peuvent suffire, de sorte que vous ne devriez pas pouvoir trouver l'excuse du manque de temps. Cela peut vous aider à maintenir votre niveau d'énergie sur le long terme. Lors d'une réunion ou lorsque vous parlez au téléphone, vous pouvez respirer lentement et en être conscient. Si vous souriez lorsque vous êtes au téléphone, la conversation sera plus fluide et vous vous sentirez mieux. Votre interlocuteur saura que vous souriez. Essayez ceci.

Retour à la maison

Si votre esprit est encore au travail, voici un autre exercice simple pour vous. Asseyez-vous, fermez les yeux et visualisez que vous quittez votre travail et que vous fermez la porte derrière vous. Puis, visualisez-vous devant votre porte d'entrée ; vous pouvez sentir comment vous êtes habillé, comment vous vous tenez. Entrez comme vous le faites habituellement, en insérant la clé et en tournant la poignée. Vous entrez, vous vous arrêtez sur le pas de la porte et vous observez ce que vous voyez dans le couloir, dans la pièce. Entrez, choisissez un endroit de la maison qui vous plaît particulièrement et installez-vous. Ensuite, laissez partir les images et écoutez ce que vous ressentez. Expirez, frottez vos mains et ouvrez les yeux. Êtes-vous prêt pour la fin de la journée ? Profitez du moment où vous préparez le dîner, mangez ou faites autre chose pour vous concentrer entièrement sur cela et uniquement sur cela, en ne faisant qu'une seule chose à la fois.

Au moment de se coucher

Avant d'aller vous coucher, accordez-vous au moins 30 minutes pour vous détendre, sans télévision, sans écran ou sans activité liée au travail. Faites quelque chose que vous aimez, quelque chose de calme qui vous conduira doucement vers une meilleure nuit de sommeil.

Profitez de cette journée et, si vous l'aimez, répétez-la !

Épilogue

Mon parcours avec la sophrologie a été un passage de la conscience d'un esprit très analytique vers un état plus équilibré et stable, un passage en douceur de la pensée vers le corps. Je pourrais dire qu'avant la sophrologie, j'étais déconnecté de mes sentiments, car je vivais presque entièrement dans ma tête et je gardais mes émotions dans une boîte fermée dans ma poitrine. Il m'a fallu du temps pour reconnaître et rester en contact avec mes sentiments. En intégrant cette pratique dans la vie quotidienne, j'ai commencé à réaliser et à saisir le sens de l'état de présence, un état qui me fait me sentir vivant à l'intérieur, quelles que soient les actions que je fais. Je vais utiliser quelques analogies pour expliquer la présence à ma façon. Parfois, c'est comme une étoile qui s'allume au moment où je porte mon attention sur mon corps. Rester avec l'attention dans le corps, avec la lumière allumée, me fait me sentir vibrant et rayonnant et je peux percevoir mon énergie augmenter. Plus je suis présent, plus je suis vif, ce qui signifie qu'il existe différentes intensités de présence ou de conscience. Nous pouvons comparer la force de la présence à un variateur de lumière ; si vous l'allumez au maximum, la pièce est pleine de lumière, et si vous l'allumez juste un peu, la pièce est moins éclairée. On utilise parfois, dans le même but, l'analogie d'un sapin de Noël rempli de lumières. Lorsque les lumières sont allumées, l'arbre brille de tous ses feux. Lorsque mon attention est "*on*", c'est-à-dire dans le corps, il brille de l'intérieur, et je suis heureux sans raison apparente. C'est l'état que je vise en permanence.

Dans les moments de trop grandes turbulences mentales et émotionnelles, d'agitation ou de souffrance, sachant que les histoires créées par mon esprit ne serviront à rien, j'ai décidé de bouger. J'ai déplacé mon attention de mon esprit vers mon corps, en remarquant simplement mes émotions avec ouverture et curiosité et en augmentant la lumière autant que je le pouvais, les deux en même temps. Je peux vous dire avec certitude que ce changement de conscience fonctionne à merveille. Lorsque nous amplifions notre état de conscience et de présence, les émotions se dissipent, les pensées s'apaisent et ce qui reste est un état de joie et de calme. En cours de route, les enseignements d'Eckhart Tolle, qui représentaient une bibliographie obligatoire dans l'étude de la sophrologie, se sont révélés être une source d'inspiration et les ressources les plus précieuses qui m'ont aidé à entrer de plus en plus dans les profondeurs de mon être et à découvrir ma lumière.

J'espère que vous découvrirez votre propre lumière comme je l'ai fait.

Si mon ouvrage vous a plu, rien ne me ferait plus plaisir que si vous le recommandiez aux personnes autour de vous qui pourraient en bénéficier et le trouver utile à leur tour. N'hésitez surtout pas non plus à laisser votre avis à propos du livre sur Amazon, même succinct. Cela m'aide énormément, je suis toujours à l'écoute de critiques constructives qui me permettraient d'améliorer ce guide ou simplement de savoir si vous l'avez apprécié.

Pour cela, il vous suffit de flasher ce QR code pour

atterrir directement sur l'espace commentaires Amazon du livre.

Pensez à la quantité de gens que vous aiderez simplement avec ce commentaire et votre avis honnête. Merci encore et bonne chance dans votre quête de la sophrologie.

D'ailleurs, pendant que j'y pense, voici quelques liens qui pourraient s'avérer utile pour vous dans votre quête de la santé et du bien-être ainsi que pour compléter vos connaissances et votre pratique. Il vous suffit de flasher le QR code !

J'espère que vous trouverez ces liens utiles et qu'ils vous aideront dans votre quête du bien-être et de la santé. Pour ma part, je vous dis à très bientôt !

Dans la même collection

Vous avez apprécié votre lecture ? Alors venez découvrir les autres livres des Éditions Maison Pourpre ! Il vous suffit de flasher le QR code ci-dessous.

Liens utiles

« Morphée », box de méditation tout en 1 :

« Dodow », métronome lumineux pour réapprendre à s'endormir :

Tapis d'acupression, pour améliorer votre qualité de vie et combattre les douleurs :